大丈夫じゃないのに大丈夫なふりをした

『괜찮지 않은데 괜찮은 척했다』

by Geul Bae Woo
Copyright © 2020 Geul Bae Woo
Japanese translation copyright © 2021 by DIAMOND,Inc.
First published in Korea in 2020 by Kanghanbyul
Japanese translation rights arranged with Kanghanbyul
through Imprima Korea Agency

大丈夫じゃないのに

大丈夫なふりをした

クルベウ 著

藤田麗子 訳

ダイヤモンド社

つらくても声に出せないあなたへ

〜〜〜〜〜〜〜〜〜〜〜〜〜

周りの人をがっかりさせないように、
大丈夫なふりをした。

弱い姿を見せたくなくて、
大丈夫なふりをした。

ひとりぼっちになりそうで、
大丈夫なふりをした。

悲しみを受け入れたくなくて、
大丈夫なふりをした。

倒れてしまったら
もう二度と立ち上がれないような気がして、
心の痛みに気づかないふりをした。

心のよりどころがない人はよく大丈夫なふりをする。
自分が倒れても、

抱き起こしてくれる人なんていないと思うから。

つらくてもつらくないかのように。
悲しくても悲しくないかのように。
大変でも大変じゃないかのように。
そして自分で自分を苦しめる。

考えすぎるのをやめられず、
他の人々に至らない姿を見せないようにがんばり続ける。

一見つらいことなどなさそうに見えて、
何だってうまくやり遂げられそうに、大丈夫そうに見えるのに、
心は大丈夫ではないことが多い。

一生懸命がんばっているのに、
いくら必死に生きても幸せを感じられないとき、
私たちは不安になる。
どこを目指して生きればいいのか、
わからなくなってしまうから。

道に迷ってしまったような気持ちで、
どうすれば幸せになれるのかわからない。

不安の中で、虚しさと孤独に出会う。

大丈夫なふりをしてしまう人には、
「支えとなる場所」が必要だ。

誰かが自分の心を認めてくれるだけで、
大きな助けになる。
力を抜いて、
ありのままの自分の姿で休めるようになる。

あなたがあらゆる瞬間を
本当はひどく傷ついているにもかかわらず、
なんでもないようなふりをして生きてきたとしたら、
きっとすごくつらかったことだろう。

この本に収められた話が、
人知れず苦しんでいたあなたの心に寄り添って、
不安な気持ちを癒やすことを願う。

今はまだ遠くにある未来のことを心配しすぎないで。

大丈夫、雨はいずれやむ。
明日になれば、待ち望んでいた花が咲くだろう。

CONTENTS

はじめに
つらくても声に出せないあなたへ 004

第 1 章

肩の力を抜いたら、
できることが見えてきた

人生に訪れる三度のチャンス 014

「私は要領が悪い」と悩んでいる人へ 019

やる気がどうしても出ないとき 023

好きなことを見つけるには? 027

手堅い職に就くよりも大事なこと 032

夢を叶える人の共通点 035

「最高の選択」をする方法 040

第 2 章

どんな人でも
すべてが嫌になる日はある

自分のことが気に入らなくても 046

ずっとガマンしてきたあなたへ 048

ひとり時間で心を整える 052

さみしさは人を無彩色にする 054

自信を持つ方法 058

力まずに、私らしく 062

第 3 章

好きなだけなのに、どうして
こんなに苦しいんだろう

恋が重くなる瞬間 070

愛とは「確信」を与え合うこと 078

別れるべきか悩んでいるなら 083

相手に「変わってほしい」と思ってしまう 087

お互いを傷つけ合わないために 092

愛にさみしさはつきもの 098

あなたと波長の合う人は必ずいる 102

第 4 章

天職に出合うために
今できること

期待せず目の前のことをコツコツと 108

やりたい仕事をするべきか、安定した仕事をするべきか 115

お金持ちになる方法 122

仕事を辞めるかどうかの基準 131

一代で財を成した人 135

第 5 章

幸せな人間関係の築き方

私は人付き合いに問題があるかもしれない　142

周りからの評価が気になるとき　147

どこに行っても愛される人　151

不親切な人にまで気を使う必要はない　156

他人は自分の鏡　162

おわりに
私たちの幸せは"自由"にある　167

イラスト　福田利之

デザイン　西垂水敦・市川さつき（krran）

第 1 章

肩の力を抜いたら、
できることが
見えてきた

人生に訪れる三度のチャンス

タクシーに乗ったとき、
運転手からこんな話を聞いた。

その運転手はふだんは、とある企業の理事をしていて、
会社のプロジェクトの一環として、タクシーを運転しながら
客の悩みを聞く活動をしていると言う。

運転手は私に何か相談したいことはないかと聞いた。

どんな話をしたらいいかわからず、
私に話したいことはありますか、と
逆に質問をした。

運転手は、しばらく考えてから話を始めた。

生きていれば、誰にでも三度のチャンスが訪れる。
でもほとんどの人々は、
そのチャンスがジャンボ宝くじに当選するとか

特別な幸運に出会うとか
特別な人が自分に会いにくることだと考えている。

でも、それはチャンスじゃない。
すでに完成された幸運だ。
実際、人生においてそんな幸運は
たった一度巡ってくるかこないかだ。

人生に訪れる三度のチャンスはこういうものだ。

1つ目は、まるで反りが合わない人や
まったく自分に合っていない仕事を手放すチャンス。
この機会を逃してはならない。
これを逃したら、間違ったことにとらわれ続けて
人生をムダにしてしまう。
あまりにも自分に合わないことを続けていると、
経験だと見なすことすらできなくなる。
心が傷だらけになって、
新しいことに挑戦するために必要な勇気を
失ってしまうからだ。

2つ目は、自分を心から愛してくれる人を
もっと大切にしながら共に生きていくチャンス。

人は本当に奇妙だ。

いくら好きでも時が過ぎれば慣れてしまう。

それが大きな問題だ。

慣れのせいで感謝の気持ちと相手を大切に思う気持ちが消える。

そして、この世に2つとない相手の思いやりが、

どうでもいいもののように感じられる。

その状態が続くと、いろいろなことが気に食わなくなって、

相手に憎しみを感じ、愛が冷めていく。

その結果、大切な人を失って、

ひとりになってから後悔の念にさいなまれたり、

この先の人生において二度とそんな相手に出会えなくなったり

するかもしれない。

もし今、家族や友だち、恋人など、

あなたを心から心配して、

あなたを心から愛してくれて、

あなたを心から大切に思い

あなたと一緒に過ごしたいという人がいるなら

あなたにはその気持ちを大切にして、

かけがえのない人を守るチャンスがあるんだ。

３つ目は、年がいくつであろうと、
今どんな状況に置かれていようと、
誰にでも必ずある、得意分野を見つけるチャンス。

私は会社に勤めながら、さまざまな人を見てきた。
それぞれに好みがあって気質もちがうが、
誰にでもうまくやれることが存在する。

仕事を辞めてそれを探せと言っているわけじゃない。
もちろん、自分が望むならそうしてもいいけれど、
大切なのは好きなことを見つけるのをあきらめない姿勢だ。

誰の人生にも、好きなことを探すチャンスがある。
そのチャンスを捨ててはならない。
好きなことはたいてい、
時間が経つにつれて得意なことになっていく。

そして、最後にもう１つ付け加えるとしたら、
自分を愛するチャンスだ。

生きていれば、どんな慰めの言葉も耳に入らず、
二度と立ち上がれそうにない困難が訪れることもある。
積み上げた砂の城を波がさらっていくように、

一瞬にして心が崩れることもある。

そのときにできるのは、
自分をもっと愛することだ。
あなたには、自分を愛するチャンスがあるということを
忘れないでほしい。

自分をもっと理解して
自分にもっと寛大になり
生きる速度が速すぎるときは立ち止まって
自分のためになることとは何なのか、
真剣に考えてみるといい。

・・・

話を聞いているうちに、いつのまにか目的地に到着していた。
降りるために私が荷物をまとめていると、
運転手は言った。

美しく咲く人よ
日々の小さな出来事に失望せずに
今日も明日も幸せに過ごせますように。

「私は要領が悪い」と
悩んでいる人へ

鷺梁津※で10年間、公務員試験予備校を運営していた講師が
言った。

講師の仕事をしながら気づいたことがあります。

それはまず、人はなかなか変わらないということです。
時にはがらりと変わる人もいるでしょうが、本当にまれです。
勉強しようと決心すると、最初のうちは誰もががんばりますが、
数日が過ぎ、数週間が過ぎただけでも
がんばり続ける人とあれこれ言い訳をして怠ける人が
くっきり分かれます。

何事も一生懸命にやらない人はいつまでもがんばらず、
がんばる人はどんな環境や状況に置かれても努力を続けて、
結果を出します。

※ ソウル市銅雀区にある公務員試験予備校や自習室が密集している地域

いつしか、「この人はいつかきっと変わるはずだ」という
期待をあまり持たなくなりました。

今持っている長所と短所を見て、
付き合っていきたいと思った人とは親しくするし、
そう思えなければ距離を置き、あるいはつながりを断ちます。
その結果、他人のせいで傷つくことが減りました。

もしあなたが自分を変えたいと思っているのなら、
今変わらなければなりません。
今すぐには変われない？
それでは一生変われないでしょう。

勉強するとき、
ささいなことまで１つずつすべて確認して、
理解できるまで決して先に進まない人がいます。

そういう人は勉強のスピードは遅いし、
手を抜いて適当にやっている人に比べると、
一見要領が悪く見えますが、
結果的には、はるかに高い成果を上げます。
ほんの少しずつでも実力を上げていくのは、
ささいなことまで重視する人なのです。

だから私は人付き合いにおいて、
ささいなことまで重視する人を好みます。
そういう人と親しくなるには時間がかかりますが、
小さな約束を大切にするので、言葉と行動に信頼が置けます。
がっかりさせられることなく、
素晴らしい人間関係を築けます。

最後の最後まで努力を続け、
目指していた試験に合格する人々がいます。
彼らは他人に左右されることなく、
自らモチベーションを高めます。
誰にでも疲れてしまうときはあるものですが、
彼らの情熱は決して消えません。
なぜ自分が試験に合格しなければならないのか、
明確な理由を持っているからです。

合格してほしいと誰かに言われたから、
みんなが目指しているから、
誰かにいいところを見せたいから
といった理由で試験に臨むのではなく、
自分の意志で合格を目指している人。
合格しなければならない明確な理由を持つ人。
はっきりとした理由や目標がわかっている人は実に切実で、

合格後の姿を思い浮かべながら、モチベーションを高めます。

人生における明確な目標を持って、
自分の進むべき道を目指す人々がいます。
私はそんな人が好きです。
彼らは情熱的で、他人の視線を気にせず、
やりたいことを貫きます。
自分のために生きているのです。
その姿は、多くの学びを授けてくれます。

そして思うのです。
私もそんな人になれるように、"今"努力しよう、と。

やる気が
どうしても出ないとき

やる気を失った娘に、母が言った。

人生は長いから、今日1日ぐらい無気力でも大丈夫よ。
明日も明後日もやる気が出ないように思えても、
絶対そんなことはないから。

未来はあなたの予測しているものとは大きくちがっていて
いろいろなことが繰り広げられるの。
今、何もする気が起こらない理由は
未来も今と同じ状況だろうと考えているからよ。
今のつまらない人生が
これからも同じように続いていく気がするせいなの。

今あなたがつらいのは、
やる気が起こらないからじゃなくて、
この先も変わらないように思えるからよね。

未来が今と変わらないなんてことはないわ。
まったく同じ日はないの。

だから今日は無気力でも大丈夫。

毎日を生きる中で無気力になったのだとしたら、
それはたぶんあなたが持てる力のすべてを使ったということよ。

たとえば何かに必死で挑戦したのにうまくいかなかったり、
努力しても恋が実らなかったり、
一生懸命悩んでも解決しなかったり。
そんなふうにありったけの力を使ったあとは
新しい力を出すための時間が必要だから、
立ち止まって考えることができるように無気力さがやってくるの。

今やる気が出ないからと言って、
自分はダメな人間なんだと思わないで。
あなたはこれから素敵な人になる日のための準備をしているの。

ママも20代、30代がいちばん無気力だった。
何ひとつ思いどおりにならなくて。

ある日、思ったの。
私は焦りすぎて、うまくやらなきゃという気持ちにとらわれて
すごく多くのことを一気に解決しようとしていたんだ。
たくさんのことを成し遂げなきゃいけないと
思っていたんだな、って。

若い頃はそういうものよ。
足りないものが多いから、
早く何かを成し遂げなければならないと思って、
自分が考えられること以上に、
自分が努力できること以上に
はるかに多くのことを考えて努力することになる。
そして、すぐに疲れてしまうの。

目標を減らして、うまくやろうと思わずに肩の力を抜いたら、
できることが見えるようになってきたわ。
自分ができるぶんだけ
1つずつ挑戦して成し遂げていった。
焦らないようにしたら、
自分に合ったスピードが見えてきたの。

誰もあなたを責めたりしないよ。
だから自分をとがめることのないようにしてほしい。

自分を厳しく責めてしまったら、
心が疲れて、目標に達する前に
投げ出してしまうかもしれない。
そうしたらもっと大きな後悔をすることになる。
ベストを尽くせないから。

1等賞じゃなくていい。
2等賞じゃなくてもいい。

自分のスピードを見つけてほしい。
やる気が出ないなら、
今はちょっとスピードを落とせばいいの。

心配しすぎたり、不安になったりしなくていい。
今日は無気力でも大丈夫。

好きな音楽に浸って
軽いお酒に酔って
これからのことをゆっくり計画してみるのもいいと思うわよ。

好 き な こ と を 見 つ け る に は ？

好きなことを見つけるためには、
多くの経験を積まなければならない。
たくさんのことを経験すると、あとから振り返って
また出会いたくなるものが出てくる。
それが、自分の好きなことだ。

好きなことを見つけるには、
時間とお金が必要だ。
この2つがあれば、新しいことを経験できる。

しかし、せっかく時間とお金を使ったのに、
あまり気に入らなかった場合、
多くの人は時間やお金がムダになったと悔やみ、
投資することをためらうようになる。
そして、挑戦しなくなってしまう。

しかし、それは失敗や浪費ではなく、
好きなことを探すために必要なステップだ。

本当に好きなことを探すには、
試してみたものの好みではなかったという時間を
何度か過ごさなければならない。
それが"経験"であり、
この経験を通して、好きなことを見つけられるようになる。

好きなことを探したいという意志があったとしても
時間とお金が足りなければ新しいことを試すのは難しい。
それでも、他の人と比較するのではなく
自分が使えるぶんだけの時間とお金を費やせばいい。
焦る必要はまったくない。
好きなことを見つけるのは競争ではないから。

幸福は"幸せでいなきゃ"という思いから
生まれるわけではない。
嫌なことばかりでつらいとき、
"ポジティブに考えなきゃ""幸せでいなきゃ"
と思ったからと言って幸せにはなれない。

幸せは出会いによって生まれる。
ここでの"出会い"とは、
どんなにささやかであろうと
自分が好きだと思える時間を持つことだ。

そのためには自分が好きなことを知ろう。
そうすれば、すぐにはできないとしても、
大変な時期が落ち着いたら始めよう
という希望を持つことができる。

今、好きなことがいくつかあるかもしれないし、
１つかもしれない。
新しく好きなことが見つかるときもある。
好きなことというのは、それに向き合っている間、
幸せだと思えるものだ。

人生において、
好きなことは絶対になければならないのかと聞かれたら、
私はイエスと答える。

自分が好きなものが何なのかわからないとしたら、
いったい誰の人生を生きているのだろうか。
自分のために生きるとは、
好きな人生を生きていくために努力することなのだ。

また、やったこともないのに、
気に入るだろうと想像しているものを
本当に好きなものなのだと

勘違いしてはいけない。

私は好きなものが多いのに、
なぜ憂うつなんだろう？
そう感じるとしたら、
好きという気持ちは錯覚だ。
実際にやったことがなければ、
好きなのかそうでないのかわからない。
体験してはじめて知ることができる。

たとえば、キンパ（韓国風海苔巻き）が好きかどうかは
想像だけではわからない。
食べてみてはじめてわかる。

体験したことがないのに好きだと思うなら、
本当に好きなのではなく、
気に入るだろうと想像しているにすぎない。

どんなに小さくてささいなことであっても、
好きなことをしていると、自尊感情が高まる。
周囲に振り回されずに、
自分の世界をつくることができる。

自尊心を高めるための実質的な方法は
自分が好きなことを探すために
時間とお金を有意義に使うことだ。

たとえ気に入らなかったとしても、
失敗ではなく、
いい経験になったと受けとめて、
自分のために生きていこう。

手堅い職に就くよりも大事なこと

もしあなたが20代なら、
後先見ずにあらゆる挑戦をして
経験を積んでみる。
それだけでも最高の20代を送っていると言える。
経験に優る知恵はない。
そして、その知恵が30代、40代をどのように歩むべきかを
教えてくれる。

30代以上なら、
これまでの人生を振り返ることに時間を割くのではなく、
前に進むための具体的な目標を立てることが重要だ。

安定した生活のために貯金をしたり、
手堅い職に就いたりするよりも重要なことがある。
それは、競争力を高め、実力を育てるために
自己投資することだ。

あなたの実力は時と共に最高の資産になる。
時が経てば経つほど、実力が高ければ高いほど、

あなたの価値は上がっていく。

もっとも悪しき習慣は、
自分の限界をあらかじめ設定して
新しい試みをせず、
できることだけを繰り返すことだ。
暮らしは維持されていくが、
これは安定ではない。
時の流れと共に成長していく人々に
後れを取ることになる。

あなたが今日から
暇さえあれば英語の勉強をするようにしたら
時が過ぎるほどに英語が上手になっていくだろう。
しかし、暇さえあれば遊んでいたら、
いつまで経っても
遊ぶこと以外の特技を身につけることはできない。

あまりにも当然のことだが、
私たちが忘れてしまいがちな重要な事実だ。

正しい姿勢で座って
規則的に食事を取り
美しい言葉を使って
いい習慣を持つことは
未来の素敵な姿をつくることに等しい。

夢を叶える人の共通点

かなり痩せ型だった友人が、
３年かけて身体を鍛え、
ボディビル大会に出場することになった。

本当にすごいね、と伝えると
友人が言った。

ありがとう。
僕は今回、とても多くのことを悟ったよ。

実を言うと、
昔はたくさんの財産を受け継いだり
特別な才能を持っていたりする人を
羨んで生きてきたんだ。
でも、今では憧れの基準がすっかり変わった。

黙々と誠実に自分との約束を守る人を
すごいと思うようになって、
彼らに憧れるようになったんだ。

僕はこの３年間、
週末以外は毎日２時間ずつ運動をした。
食事制限をしながら。本当に大変だったよ。

１～２日や１～２カ月ぐらいなら
どうにか続けられるんだ。
でも数年となると、毎日努力を続けるのが
どれほど大変で難しいことなのかを思い知ったよ。

運動するようになってから、
誰にも気づいてもらえなくても
自分の居場所で地道に
がんばり続けている人々にたくさん出会った。

刺激になったし、
これまでの人生についていろいろと反省した。

なぜだと思う？

その人たちは、コツコツと真摯に１日の目標をこなして
最終的に自分の夢を叶えたんだ。

今、自分が何を持っていて、どんな才能があるのかは
彼らにとって重要でなかった。

その気になれば、
何だってやり遂げることができるからだよ。

周りからは理解しがたいほど強い執念を持って
着実に成し遂げたい目標へと向かい
心をコントロールしながら、
毎日少しずつ成長していく。
何度倒れようとも、
おきあがりこぼしのように起き上がる。

自分の存在を誰かに認めてもらうために
百の言葉を語るのではなく
行動によって、その価値を証明していく。

これまで僕は自分が何を持っていて、
何を持っていないのか、
自分には何ができて、
何ができないのかを考えることが多かった。
そして、それに合わせて未来の計画を立てていた。

でも、それらはすべて
意味のない行動だという気がしたよ。

毎日コツコツと目標に向かって、

自分をコントロールしていくことができれば
無限の可能性を持てるから。

実は、去年も大会に出場したんだ。
予選で落ちたよ。
以前の僕だったら、
しばらくスランプに陥っただろうけど
そうはならなかった。
ただ、今の自分に足りないものは何なのか、
それだけを考えた。
その部分をいち早く改善して、
また大会に出たいと思った。

もう、よけいな心配はしない。
正解は決まっているから。

真面目にコツコツと日々の目標をこなしていく。
その行動が心配を消し去り
僕をより強く、大きくしてくれるだろう。

何かをやりながら、
確信が持てないときに思い浮かぶこと。

私はうまくやれているのだろうか。
ずっとこのやり方でいいのだろうか。
私は間違っているのではないだろうか。
いつまでやらなければならないのだろうか。

「最高の選択」をする方法

ある青年がベストな選択をする方法を知るために
社会的に成功した人々の元を訪ね歩き、秘訣を聞いた。

青年が聞いた話には、共通する部分があった。
上手な選択をするには、３つの方法があると言う。

１つ目は、コンディションがいいときに
選択することだ。

不安を感じていたり、疲れていたり、睡眠不足だったり、
お腹がすいていたり、気分がよくなかったり。
こんなふうに不調なときに下した決断は
いい選択になりにくいと言う。
心と身体の状態が整っていれば、考えがまとまりやすく、
広い視野で問題を見つめることができる。

成功した人々の話を聞くと、ベストな状態で選択をするために
心身のコンディションを常にキープしていると言う。

至極当然のことかもしれないが、十分な睡眠を心がけ、
毎日きちんと食事を取り、
ストレスになる相手との接触をなるべく避けて
もっともリラックスできる状態をつくるための
自己管理に努めなければならない。
心身共にコンディションが整った状態で下した決断は、
ベストな選択になるからだ。

ベストな決定は、長い時間軸で見たとき、
人生に大きな利益をもたらす。
誤った選択も経験の1つにはなるだろうが、
せっかくなら、いち早く自分に合った最高の選択をしたいと
誰もが望んでいるはずだ。

運動をして
きちんと睡眠を取り
ごはんをしっかり食べて
不安を取り除いて気分よく過ごせるよう、
自分のために努力しよう。

2つ目は散歩をしながら考えてみることだ。

狭い部屋の中でじっとしていると
視野が狭くなり、

客観的な判断ができず、思考が偏ってしまう恐れがある。

しかし、広々とした空間や視界がパッと開けた場所で
考えごとをすれば、視野も広がる。

３つ目。いくら考えても結論を出せないときは
たくさんの人に意見を聞いてみるといい。
相手の好みが自分と一致しないこともあるかもしれないが、
少なくとも大勢が好むものや共通する意見は参考にすべきだ。

人の目というものは、おおかた似通っている。

いいものは誰から見てもよくて
よくないものは誰が見てもよくない。

問題は、どっちつかずの場合だ。
紛らわしいものだと迷ってしまう。
そんなときは周りの人の意見を参考にするといい。
大勢の人が見たとき、それはいいものなのか、そうでないのか。

多くの人の意見を聞くことは
安定的に最適な選択をするためにとてもいい方法だ。

選択には正解がない。
その状況で自分に合ったものを探し出すことが
最高の選択となる。

過去の誤った選択に未練を抱く必要はない。
その未練は何の助けにもならず
今の自分のコンディションを乱すだけだ。

失敗を減らすためには、
気持ちが焦っているときほど、あえてゆっくり進み、
無気力なときほど、多様な試みをすることが重要だ。

失敗に執着しすぎず実行に移すこと。
そうしているうちに自然と実力が身につき、
成長していくのだと言う。

もし、あなたが決断を下せずに悩んでいることがあるなら
焦って決めようとせずに
この3つの方法を活かして、最良の選択をしてほしい。

人生は長い。
ささやかで幸せな出来事が
たくさん起こりますように。

第 2 章

どんな人でも
すべてが嫌になる
日はある

自分のことが気に入らなくても

誰もがすべてのことをうまくこなせるわけではない。

他の人々より不得意なこともあれば
うまくやれることもある。

ある人は繊細で
ある人は視野が広い。

ある人は余裕があって
ある人は物事の処理が速い。

長所が短所になることもあれば、
短所が長所になることもある。

他の人々は達成できたのに、
自分にはやり遂げられないこともある。

他の人々があきらめたことを
最後まであきらめずにやり遂げることもできる。

たとえ今の自分の姿が気に入らなくても
あきらめずに最後まで見守ってほしい。

これから
自分がどんなことをやり遂げるのか。

これからどんなことに
挑戦していくのか。

自分がどんな長所を持っていて
今後どれほど偉大な人になるのか。

今の自分を決して見放すことなく
最後まで見届けてほしい。

今は見えなくても
人生には、まだ巡り合えていない
美しい時間が控えているのだ。

ずっとガマンしてきたあなたへ

どうしてネガティブな気持ちになるのか?
それは、これまでたくさん耐えてきたからだ。

ずっとガマンしてきたから、
小さなことにもすぐイライラして
腹が立つようになる。

目標に向かって努力してきたのに、
結局報われなかった。
そのことだけを見つめて生きてきたのに
ちっともうまくいかない。
もうこれ以上がんばれない。

今の生活に、好きだと思えることが
1つもない。

楽しみがなければ、
人はどんどんネガティブになっていく。

好きなことが1つもなくて、
周囲の人々の面倒ばかり見ているような
気分になることもあるだろう。

心を許せる人がそばにいないとき、
みなネガティブになるものだ。

心を許せるというのは
自分の気持ちをわかってもらえるということ。
そんな人がいなければ、知らず知らずのうちに
孤独で疲れた状態になる。

大きな困難やつらさに見舞われたら
心は当然ネガティブになる。

すぐには解決できない息苦しさや
どう対処すればいいかわからない状況が
ネガティブな感情を生む。

ネガティブになるのは、
大きなもめごとが起こったわけではないにしろ
身近な人々との関係がよくないときだ。

ささいな言動であっても、

長らく理解しがたい言動に接していると
心の平静を保つことが難しくなる。

人間関係に問題があると、ネガティブ思考になり、
仕事もプライベートもうまくいかなくなって、
くたびれてしまう。

ネガティブな思考が長引けば
人はナーバスになり
ナーバスな状態が長引くと、不安に襲われる。

安心が幸福感の１つだとしたら、
不安は幸せとは真逆の感情だ。

今、ネガティブ思考に支配されているのなら
目の前の問題を解決しようと力まずに
いったん完全に離れて、しばらく休もう。

そうすれば、ネガティブな感情から
少しずつ抜け出していけるだろう。

純粋な人。

小さなことに
申し訳なさを感じる人。

小さなことに
感謝を感じる人。

小さなことに
幸せを感じる人。

自分が小さく感じられるとき
純粋な人のそばにいれば、心が癒される。

ひとり時間で心を整える

繊細な人は、自分の言葉と行動をたびたび振り返って
よくない部分を直そうとする。
自分を磨き上げていくために。

だから誰かに失礼な態度を取られると
とても気になってしまう。

繊細な人は、自分の言葉と行動に気を遣っているぶん、
無神経な人々に心を乱されて
人間関係に難しさを感じる。
繊細な人は傷つきやすく、不安を感じることも多い。

自分が話したいことを言えなかったり、
すべきではない言動をしたりすると、
とても長い間、自分を責めて苦しむ。

しかし、一度親しくなれば、
彼らは誰よりも深く相手の話を聴き、
自分の話をしてくれる。

繊細な人にはひとりの時間が必要だ。
その中で呼吸をして自由を感じる。
そして、休息を取り、心を整えて
再び正しい方向に進んでいく。

繊細な人は
思考と行動がとても深いのだ。

さ み し さ は 人 を 無 彩 色 に す る

親切にしてあげられなかった人々のことが思い浮かぶ。
何をしてもとくに楽しいと思えない。
新しいことに挑戦するのがおっくうで、
今の日常も気に入らない。

身体と心がつらくて大変だというよりは
重いという感じに近い。
何をしたいか、何をすべきなのかがわからない。

さみしさは予告なしにやってくる。

順調に過ごしていた日々に突然、
あるいは、大切な人との別れによって。
新しくて有意義なことをしてみたいけれど、
それが何なのかがわからないときにも……。

さみしさは人を無彩色にする。
おいしいものを食べても味がわからなくなり、
これと言って食べたいものも思い浮かばない。

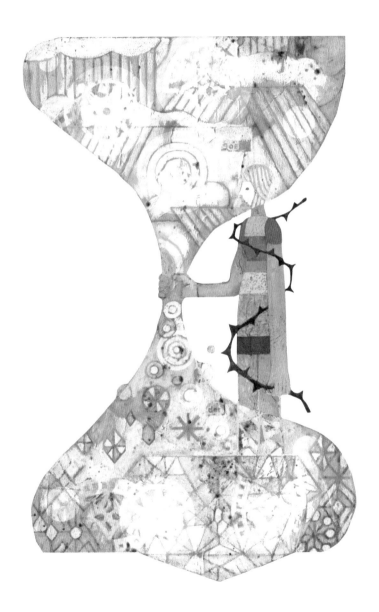

好きなことをしても、楽しく素敵な感情が起こらなくなる。

感情が無彩色に変わってしまうと
幸せそうに暮らしている人を見たとき、
彼らとはちがう自分がいっそう孤独に感じられる。

さみしいからと言って、
無理にあれこれ新しいことを始めて
孤独を忘れようとしてはいけない。
ほんの少しの間は気が紛れるかもしれないけれど、
再びさみしさに襲われて、身体と心が疲れてしまうだけだ。

さみしいのは、
あなたがひとりでとても遠くまで来たからだ。

ひとりでひたすら仕事を一生懸命にこなそうとして、
ひとりで何らかの成果を出そうとして、
自分と合わない人々から遠く離れようとして。

生きていれば、そんな日が訪れることもある。
さみしさを感じざるを得ない日々が。

そんなときは

ゆっくり
ゆっくり
通い慣れた場所、慣れ親しんだ人、
なじみのある何かの元に
戻ってみることをおすすめする。

慣れた場所で無理をせずに過ごせば、
さみしさから抜け出して、
安らかな気分を感じることができるだろう。

自信を持つ方法

1. コツコツ運動しよう
特別な目的がなくても運動はしたほうがいい。
自分の身体が気に入らなければ、
自信を失うことになるかもしれない。

2. 自分とは無関係の分野まで、多方面の知識を持とう
幅広い知識があると
深い知識があるわけではなくても、
他人との会話がスムーズになる。
自分の専門分野に関する知識しかなければ、
知らない話題が出たときに会話を続けるのが難しい。

3. 目標を定めたら、やり遂げよう
目標を決めたら、大変でも難しくても、
最後までやってみよう。
意志によって自分をコントロールできるようになれば、
何だってやれるという自信が湧いてくる。

4．勤勉であれ

時間は誰にでも平等に与えられるが、
誰もが同じ時間を過ごすわけではない。
私たちが自信を失うのは、時が過ぎ去ったあとに
何も残っていないと感じたときや
与えられた時間をおろそかにしてしまったときだ。
勤勉であるべき時期に勤勉になれなければ、
時の流れと共に、多くのことを取り逃がしてしまい、
自信を失ってしまう。

5．できると信じ、多くのことを試みよう

自信は、成功体験の有無と必ずしも関連しない。
成功した体験があるからと言って、
自信が高まるというわけではない。

何かを成し遂げる前であっても、
堂々とした姿で挑戦すれば、
及び腰で取り組んだ場合とはちがった結果が生まれる。

自信ははじめから存在するのではなく、
自分でつくることができるものだ。
この文章を読んでいるあなたは
今どんな状態であっても、自信を持っていい特別な存在だ。

うまくやろうとするから失敗して

うまくやろうとするから悩みが増え

うまくやろうとするから心配になり

うまくやろうとするから後悔して

うまくやろうとするから申し訳なさを感じる。

痛みを認めることは
痛みと向き合うベストな方法だ。

力まずに、私らしく

就職してひとり暮らしをすることになった娘に母が言った。

あなたは何でもうまくやれる。
最初は慣れないことばかりかもしれないけれど、
いずれはどんなことでもしっかりやり遂げられるようになる。
だから、そのときまで自分を見守ってあげてね。

大人になるにつれてわかるようになるわ。
完全に自分の味方だと思っていた人でも
そう感じられなくなることもあるし、
信じていた人に裏切られたり、
理由もなく欺かれて傷ついたり、
何もしていないのに耐えがたい困難が
迫ってきたりすることもある。
だから、自分をしっかり守ってあげてね。

これから、人生の障害物を乗り越えて、
あなたが望むもっと広い世界に出ていけるように。

娘は聞いた。
もし何もかも嫌になったら、どうすればいい？

本当に嫌になったときは、いつでも辞めていいのよ。
放り出したい気持ちになるってことは
数えきれないほどつらいことがあったということだから。
そのときは辞めたっていい。
そうすれば、あなたがもっとうまくやれる別の何かが
見つかるから。

社会生活を始めたら、たくさんの人に会うことになるでしょう。

よくしゃべる人
口数が少ない人
あなたを困らせる人
あなたに親切な人
あなたを利用しようとする人
あなたを楽しく幸せにしてくれる人。

数多くの人に出会って生きていくことになる。
どんな人からもそれぞれに学ぶところがあると思う。

問題を解決していく人々を見ながら
学ぶのもいいことよ。

でも、話し合うことを知らずに、
問題が起こったら勝手に悪く考えて、
相手を憎む人がいる。
なぜそうしたのか、理由を尋ねもせずに
一方的に決めつけて相手を嫌ってしまう人がいるの。

こういう人とは距離を置いてね。
あなたが100回親切にしたとしても、
たった一度のミスで悪い判断を下すから、
そばにいるとすごく疲れることになると思う。

あなたがこれからそばにいるべき人は、
他人に厳しすぎない人よ。
誰かの小さな失敗を許せなくて、
すぐ否定的に考える人のそばに長くいると、
あなたもそういう人になるし、自分に対しても厳しくなる。

そうなると、人生にすぐ疲れてしまうの。

疲れると、好きなことを探したり、
挑戦したりするのが難しくなる。

好きなことが見つからないまま生きることになって、
どんどんやる気が起こらなくなってしまうのよ。

それからもう１つ。

いつも堂々としていなさい。
あなたが堂々とした姿でいるときと
そうでないときでは
人々の態度が変わるわ。

いつも謙虚でいてね。
あなたが謙虚な姿でいるときと
そうでないときでは
人々の態度が変わるから。

いつも考えてみてね。
今の自分の姿を気に入っているかどうか。
自分が満足できるなら大丈夫。
そこからまた元気に成長していけるから。

もし、すごく大変なことに直面したら
なるべく力を抜いて、
自分にできる最低限の働きだけをすればいい。

人はつらさを感じると
何もできなくなってしまうの。
その状態で無理に何かをしようとしても
うまくいかないし、
そんな自分が恨めしく思えて
苦しむ時間がますます長くなる。

力まずに自分にできることさえやっていれば
時間が解決してくれるはずよ。

社会に出たら大変なことも多いけれど、
あなたはうまくやっていけるわ。

あなたがくたびれたときには爽やかな風が吹き
心が冷えたときはあたたかい人が一緒にいてくれて
つらいときはしばらく休める甘い時間が
そばにありますように。

言い争いになったら、
自分から先に折れて和解したほうがいい。

やりたくないけれど
必ずしなければならないことは
先延ばしにせずに早く済ませたほうがいい。

毎日会わなければならない嫌いな人がいるなら、
いい面も見ながら、
ほどよい関係で過ごしたほうがいい。

もし毎日が退屈なら
新しい計画が必要だ。

遠くを眺める習慣も重要だが
近くにあるものをきちんと整頓して、
今の気分を穏やかに保とう。

よちよち歩きをしていた
小さな子どもが
今では多様な姿の大人になりました。

ここまで来るのはきっと大変でしたよね、お疲れさま。

第 3 章

好きなだけなのに、
どうしてこんなに
苦しいんだろう

恋 が 重 く な る 瞬 間

ひとりの女がある男をとても愛していた。

ふたりは恋人同士でお互いを想い合っていたが、
時が過ぎるにつれて男の気持ちは冷めていき、
女は男をますます好きになっていった。

男が女に愛情表現をしなくなり
愛していると口にしなくなっても
女は男に好かれていると必死で信じ込み、
男にあらゆることを合わせて、そばにとどまった。

しかし、時が経てば経つほど、
さみしさはどんどん募っていった。

女は自分の気持ちをわかってもらえず、
自分へのイライラと怒りが湧いて、傷つくことが多くなり
いつしかそれが当たり前になった。

男の元を離れたいが、

別れてしまえばひどく悲しくなることがわかっていたし、
男のことを好きすぎて離れることができず、
ガマンし続けた。
そのうち結局、男から一方的に別れを告げられた。

女は筆舌に尽くしがたい悲しみに浸り、
しばらくはまともに食べることもできなかった。
最初は男のことを恨んだが、
次第に自分の努力が足りないせいで
別れることになったのかもしれないと
後悔の念にさいなまれるようになった。

自分が誰からも愛されない人のように思えて
多くの問題を抱えているような気がした。

しかし、別れから長い時が経ったとき、
女は私にこう言った。

あの頃の自分は、自尊感情がとても低かったことが
今になってわかりました。

自尊感情が低いときは、視野が狭まって判断力が低下して、
自分がどれほどつらいか、どんな状態なのかについて
鈍感になってしまうみたいです。

あの人と付き合っている間にどれほど傷つき、
どれほどつらかったか
長い時間が経ってから気づきました。
愛していたというより、ただ自分に自信がないから
相手が大きく見えて、すごい人のように思えて
私よりずっと立派に見えて……。
自分はダメな人間なんだと思い込んでいたみたいです。

それは愛なんかじゃなくて、私が自分をその人の中に
閉じ込めてしまっていたような気がします。

ひとりでは何もできないと思い込んで
自力で立とうとせずに
自分で自分をとても苦しめていたみたいです。

私はあの人がいなくても、いくらでも幸せになれるのに
彼に依存しすぎて、自分を見失っていたんだなと思いました。

自尊感情を取り戻して、このことに気づいた今では、
彼を恨めしく思うこともなければ、
好きという気持ちもありません。
あの時間を後悔しているわけでもありません。
いえ、後悔したくもありません。

あの時間があったからこそ、
私はこれからどんな人と付き合えばいいか、
どんな人間になるべきかを深く知ることができた気がします。

私が別れに苦しんでいた頃、周りの人に言われました。
あなたをちゃんと愛してくれる人と付き合いなさい、って。
それも正しい意見ですが、そのとき思いました。
いつか自分のことを愛せるようになったら、
誰かと一緒に歩んでいきたい、と。

自分を愛せず、
自尊感情がとても低いときに誰かに頼ろうとしたら、
また同じような恋愛が繰り返されそうな気がしたんです。

そして、こんなことも考えました。

最初は、彼に心から愛されているのを感じました。
それなのに時間が経つにつれて、
彼の気持ちが冷めていくのがわかりました。

彼は私の堂々とした姿が好きだったのに
私がどんどん自尊心を失って、彼に頼り、
依存するようになったせいで
気持ちが冷めてしまったのかもしれません。

だから私は自分をもっと愛せるように努力します。

私がいちばん幸せな姿になるために
私がいちばん幸せな恋をするために
頼りすぎず、孤立するのでもなく、
近いけれど、適度な距離を保てる恋愛をするために。

以前は、愛してくれる人を待っていました。
私に近づいてきた誰かが愛を与えてくれるのが心地よくて、
愛され続けたくて、相手に合わせていたのです。

でも、これからは自分で自分を愛して
私が心から愛したい人に出会いたいです。

健全な恋とはふたりのいいところが似ていくもので、
つらい恋はふたりの短所が似ていくものなんだそうです。

相手のいい部分を見習いたいと思えて、
似ていくことができる人に
あなたが出会えることを祈る。

挫折して
失敗して
避けようのない困難が襲ってきても
私は前に進み続ける。

誰かを好きになったら、
あえて少し距離を置こう。
たとえどんなに好きだとしても。

好きだからと言って
あまりにも近くで、その人とすべてを共有して
一緒に過ごさなければならないと思わないこと。

いつも一緒にいたいと思うと、かえってつらくなり、
その人のことがときどき恨めしくなってしまう。
そうするとあなたはひとりでまたガマンすることになって
相手を嫌いになってしまうだろう。

ずっとそばにいようとせずに
遠くから一緒にいる練習をしてみよう。

距離を置くこと。

その人のことが憎いからではなく
ぶつかり合いを減らすために、
ひとりだけを見つめて
待ち続けることに疲れてしまわないように、
距離を置くことが大切だ。

人間関係に疲れたときは
距離を置いてみよう。

その距離が
きっと心に余裕をもたらすだろう。

愛とは「確信」を与え合うこと

男はある女を心から愛していた。
女はその男のことを好きではなかった。

男の外見も好みではなかったし
これと言った特別な長所があるわけでもなかった。

男は女につらいことがあるたびに、
いつもそばで話を聴いてやった。

そして、5年の時が流れ、ふたりは結婚することになった。
女に聞いた。なぜ彼を選んだのか。

するとこう言った。

5年間ずっとつらいときにそばにいてくれたら、
誰でもこう思うんじゃないでしょうか?
私は本当に愛されているんだな、
この先ここまで私を愛してくれる人に出会うのは
難しいだろうな、って。

ある瞬間から、彼は私にとって
いちばん大切な人になったんです。

恋をして、時間が経てば、
どんな女性もこう感じると思います。

自分の人生を賭けたい男性は
私を心から愛してくれる人だ、と。

恋愛中であっても
交際期間の長さにかかわらず、
相手が自分を本当に愛しているのかどうか
実感できないときがあります。

私を愛していると言いながら、
あまりにも無関心に見えたり
私が話した内容をしょっちゅう忘れたり
具合が悪いと言っても本気で心配してくれなかったり
私が好きなものすら覚えていなかったりするとき。

こういうことが続くと、女性はこんな気持ちになるんです。
私を愛してるって言ったのに、
どうして私は愛されている感じがしないんだろう？
私がいけないのかな……？

おかしいですよね。
たしかに愛してると言われたのに
まったく愛されていると感じられないなんて。
愛という感情が相手にすっかり伝わるまでには
時間が必要みたいです。

一目惚れの恋もあると思いますが、
この人の愛に今後の人生を賭けてもいいのか
見極める時間が必要だと思います。

判断する基準は、
体調が悪いときに気遣ってくれるか。
私の好きなことを尊重してくれるか。
私が話すことをいつも軽く考えていないか。
私に変わらない関心を持ち続けてくれているか、など。

私を本当に愛しているのかな。
そんな疑問が愛されているという確信に変わる人がいる一方、
疑問を抱いたまま交際を続けて、
結局は別れることになる人もいると思います。

相手がどんな人なのかは時間をかけて見極めるべきですが、
この人は私にとって、
疑問を確信に変えてくれた最初で最後の人です。

それで私は、この人にこれからの人生を賭けても
よさそうだと思ったんです。

男にも聞いた。
彼女のどこを好きになったのか。
外見に惹かれて？　深い考えを持っているから？
心が美しいから？

すると男は言った。

すべてを好きになったんです。
靴ひもを結べないところ、
ダメなところも
全部ひっくるめて好きになりました。
それで思ったんです。

いいところだけじゃなくて、
ダメなところまでよく見えるなら
これはどう考えても愛だ。
僕は本当にこの人を愛してるんだな、って。

自分のために勇気を出したんです。
僕の人生の愛のために。
幸運なことに真心が通じて、

僕たちはこうして一緒になりました。

このエピソードは結婚式で私が司会をした夫婦の話だ。

愛とは何なのか、考えてみた。
愛はお互いに確信を与え合うこと。
雨が降っても、雪が降っても、
風が吹いても、暑さが訪れても
お互いに変わらない心。
それを私たちは愛と呼ぶ。

別 れ る べ き か 悩 ん で い る な ら

恋人と別れるべきかどうか悩んでいる娘が、母親に尋ねた。

今、一緒にいる人が私にとって本当に大切な人なのか、
どうすればわかるかな？

すると母親は言った。

その人がしてくれることが
何もかも当然のように感じられるなら、
あなたにとってすごく大切な人だという証拠よ。

大切な人は、ふだんの暮らしに深々と入ってくる。
その人がしてくれるすべてのことが、
いつしか当たり前に思えてくるの。

私たちは知らない人が道を教えてくれたり
手の届かない位置にあるベルを押してくれたり
席を譲ってくれたりすると
感謝の気持ちを強く感じるけれど、

もっとたくさんのことをしてくれる相手に対しては
ありがたさを感じにくくなってくるものよ。

それは相手が自分にとって、
とても大切な人という証拠なの。

でも、大切であっても別れなきゃいけない相手もいる。

その人がもう自分のことを好きじゃなかったり
もしくは好きだという気持ちがあったとしても、
あなたはこれ以上会いたくないと感じるとき。

そんな気持ちになるのは
その人にとても傷つけられたからかもしれない。

たくさんの傷を負うと、いくら好きだった人でも
遠ざけたくなるし、できるかぎり避けたくなる。

好きだという気持ちが大きかったぶん、
大切な人だったからこそ
自分にとって大きな傷や痛みになってしまうの。

誰かと付き合っていて、傷つくことが多いなら
それは別れてもいいタイミングよ。

傷つけられても耐えながら、
愛しているからという理由でずっと一緒にいるのは
この先の長い人生を考えると、
賢い選択とは言えないから。

どんな理由があったとしても
ひどい傷を負ってまで愛し続ける必要はない。
幸せに生きることをあきらめるようなものよ。

そうなれば、あなたは楽しいテレビ番組を見ても、
素敵なところを旅しても、
おいしいものを食べても、上質な服を着ても、
憂うつな気分から逃れられなくなる。

いくら素敵なことをしても、
くつろげない人と一緒にいることになるから。

居心地がよくなければ、
どんなに素敵なことをしても幸せにはなれないの。

だからと言って、別れがつらくないわけじゃない。
でも、あなたは別れによって成長して
今後どんな行動や言葉に注意を向ければいいか
わかるようになるはず。

新しく一緒に歩む相手のことをもっと理解できるようになるの。
あなたが傷ついたぶんだけ。

別れだけで終わってしまえば、とても悲しいけれど、
そのあとにはいつも愛が存在するわ。

あなたには、自分が思っているよりもずっと大きな価値がある。
傷つけられることなく愛される人よ。

別れを決める前に考えてみてね。
その人はあなたにとって大切な人なのか、
それとも、大切だけど深い傷を与え続ける人なのか。

あなたを愛している人なら、
傷つけてしまうとわかれば
その行動をやめるはずよ。
あなたを愛していないなら、
あなたの心の傷に気づいても、
自分の論理だけを主張するでしょう。

自分のためになる選択をしてね。
いつも応援してるわ。

相手に「変わってほしい」と 思ってしまう

１組のカップルがいた。
ふたりはとにかくケンカが多かった。
うまくいっていた頃はこれ以上ないほど仲がよかったが、
ささいなことでしょっちゅう言い争っているうちに、
好きな気持ちはどんどん不安に変わり、
これからずっと一緒にいてもいいのだろうかという思いが
芽生え始めた。

ある日、ふたりはケンカに疲れて
自分たちはなぜこんなにぶつかり合ってしまうのか、
理由を考えてみた。

ふたりはケンカのたびに、
どちらが正しいのか間違っているのかを追及して、
それぞれが自分の主張だけを前面に押し出していた。
お互いに、自分だけが正しいと声高に訴えていたのだ。

自分の価値観だけを正しいと考え、
相手が自分の望みどおりに変わってほしいという
気持ちのせいで、虚しさが増していた。

相手が自分のために変わるのは
当然のことだと考えていた。

相手が変わらないせいで、
自分の人生がつらくなり、
相手を憎んで、小さな過ちにすら
大きな怒りを感じるようになったのだ。

そこでふたりは3つの約束をした。

1つ目は、正しいか正しくないかを問い詰めず、
お互いを優しく包み込むこと。

2つ目は、相手に何も望まないこと。

3つ目は、相手の何かが原因で自分があまりにもつらいときは、
心からお願いしてみること。
それでも相手が自分の意見を聞き入れないなら、
変えようとせずに理解すること。
理解できないときは、争うのではなく別れること。

その後、このカップルは
４年の歳月を経て結婚することになり、
今では２人の子どもの親になった。

・・・

人が人を好きになると、欲が生まれる。
好きだからこそ、相手が自分の望む姿になってほしいと
願う気持ちが大きくなる。
それはただの欲なのに、
いつしかそれを愛だと勘違いすることになる。

欲は結局、相手を疲れさせて傷つける。
相手に対する理解が消えて
自分の意見と立場のほうが重要になる。
相手の気持ちを思いやるのではなく
ひとりよがりな欲を持つことになる。

自分では相手を気遣っていると思っていても、
相手がそう感じないのであれば、
それは自分のための配慮にすぎない。

もちろん完璧な人はいない。

誰にでも問題はあるし、不足している点はある。
だからお互いが歩み寄るべきだが、心が欲でいっぱいだと
相手に合わせることが難しくなる。
相手を自分に合わせようとして
よけいにイライラしてしまう。

お互いに欲を捨てて、
すり合わせていく努力をしよう。
誰かのためではなく、
自分の人生における愛の時間を傷だらけにせず、
より美しい時間にしていくために。

このカップルの３つの約束は
もちろん難しいことだが、実に賢明な方法だと思った。

愛しているなら、
愛を守るためにお互いに多くの努力が必要だ。
努力を続けるのは大変で難しい。
それでも一緒にいたいと思えるのは、
相手を心から愛しているという証拠ではないだろうか。

愛とは所有することではない。
気分がよくなる甘い香りのようなものだ。

お互いを傷つけ合わないために

結婚する息子に父が言った。

結婚したら、妻に1日2回以上、
メールや電話をする習慣をつけなさい。
ごく簡単な内容でいい。
ごはんは食べたのか、気分はどうなのか、天気はどうか。
すると、妻は時が経っても夫に愛されているのだと
感じるようになる。

結婚したら、やるべきことが増えるだろう。
家庭のこともやらなければならないし、
気を配るべきことも増え、会社の仕事も忙しくなる。
そんな中でおまえからの連絡は
もしかすると結婚生活において
もっとも重要なものになるかもしれない。

人は毎日顔を合わせるようになると、あまり連絡をしなくなる。
毎日会っていても、こまめに連絡を取り合えば、
関係がもっと深くなって長続きするんだ。

そして、妻のプライバシーは最大限、
尊重するようにしなさい。
妻の日常生活には一切関与しないようにできれば、もっといい。
もちろん、それには絶対的な信頼が必要だから、
おまえを不安にさせる人との結婚はよくない。
ずっと不安な気持ちで過ごすことになるかもしれないから。

信じられる人と結婚して、
相手のプライバシーにはなるべく関与しないこと。
おまえと結婚する人は
背負う荷物が増えたと感じるのではなく、
自分を理解してくれる真の味方ができたと
考えるはずだ。

おまえがあらゆることに関与して、
何をしているのか、妻にあれこれ尋ねて
コントロールしようとすれば、
相手はおまえに合わせてくれるかもしれないが、
自分の人生をまともに生きられなくなる。
それは妻にとってもおまえにとっても
いいことじゃない。
妻がどこへ行こうが、どこにいようが、
応援できる人になってほしい。

妻がよく着ている服を観察してみなさい。
毎日同じ服を着ていないか、
穴の空いた靴下をそのまま履いていないか、
寒い日に薄着をしていないか、
暑いのに厚着をしすぎていないか。

結婚すると、独身の頃よりも自分の世話をする時間が減る。
そういうところをよく見て気にしてあげれば、
妻は毎日同じ服を着たり、
穴の空いた靴下を履くこともないし、
寒い日は温かく、蒸し暑い日は涼しい服を
着ることができるんだ。

結婚とは、ひとりの頃に不足していた点を
お互いが愛によって満たしていく時間だ。
相手が自分の望む姿になることだけを願うのではなく、
相手が何を必要としているのかを見通す訓練も必要だ。

40年の結婚生活の中で、大ゲンカをしたこともある。
そのたびに数えきれないほど原因を考えたが、
相手の心がひどく傷ついた理由はただ1つだった。
特別なことやたいそうなことを望んでいるのではなく、
今、自分がどれほど傷ついているのかを
わかってもらえないと感じて、

その気持ちに気づいてほしくて腹を立てたり、
言葉で傷つけ合うことになったりしたのだと思う。
だから、覚えておくといい。
妻は傷ついたとき、
特別なことを望んでいるわけじゃない。
傷ついた心に気づくことが大切だ。
自分の言いたいことを話すのはそれからでも遅くない。

最初からおまえの言い分を通そうとしたら、
傷ついたのは自分のほうだと主張して怒鳴り合うことになり、
自分がどれだけ怒っているのかを示すために、
ひどい言葉を言い合うはめになってしまう。

時間があるときは、
一緒に歩く時間を取るようにするといい。

父さんはとっておきの場所に
夫婦で旅行に行ったこともいい思い出だが、
いちばん幸せだった時間を誰かに尋ねられたら、
愛する人の手を握って
あてもなく歩いたときだと答える。

手をつないで歩けば、感じることができる。
私たちが共に過ごすこの時間が

二度とは戻らない、あまりにも大切な時間であることを。
私たちが一緒に歩くこの道がどれほど美しい道なのか。
私たちがこれから歩む道も一緒なら
心強くて楽しい道になるだろうというワクワクした気持ち……。

人生を妻と共に歩むときは、
速度を合わせなさい。
あまりにも速くひとりで前に進もうとしてはいけない。
妻が疲れるかもしれない。

心を傷つけられたとしても、
距離を置きすぎてはいけない。
以前と同じ距離に戻るまでに、
長い時間がかかってしまうから。

いつでも隣を見つめながら、一緒に歩いていきなさい。
速度を合わせて、進むべき道について話し合いながら。

そうすれば
人生は悲しすぎることも
痛すぎることも
憂うつすぎることもないだろう。
いつも一緒に歩む人が隣にいるのだから。

愛にさみしさはつきもの

あるおばあさんが言った。

いくら夫を愛していても、40年も一緒に暮らしていたら
さみしさを感じることもあったわ。

だから聞いてみた。何がいちばんさみしかったのか。

相手を本当に愛しているのだったら、忙しすぎないといいわね。
長く一緒に暮らしていれば、
忙しくなる時期もあるだろうけれど
ずっと忙しいわけではないといいわ。
いつでも忙しい人になってしまったら、
ひとり残されたほうは愛する人を待つしかない。

ひとりもいいものだけれど、
愛している人と一緒にいる時間こそが幸せだから。

愛している人がいるなら
その人をあまり長く待たせすぎないようにね。

もちろん仕事も大切だけれど、
いずれわかるようになるでしょう。
愛する人と共に重ねていく思い出の瞬間が
どれほど重要なものなのか。
永遠に一緒にいられそうに思えた時間が
どれほど早く過ぎ去っていくのか。

振り返ると、その時間はあまりにも短く感じられるものよ。

パートナーがとても忙しく過ごさなければならない時期も
あるでしょう。
自分の夢を叶えるために、あるいは家族を食べさせるために
もしくは自分が成長するために。

そのときは理解してあげましょう。
いちばん愛する人がその時間を心から応援してくれたら、
本当に力が湧いてくるものよ。
どんなにくたびれてつらいときも、
自分はひとりじゃないという気持ちが、
きっとやり遂げられるはずだという自信につながっていくの。

でも理解してあげられなくてさみしがったり
不安なそぶりを見せたりすると、
一緒に不安になってしまう。

結局、忙しく過ごすべき時期に全力を尽くせなくて
自分の願っていた生き方を逃すことになるかもしれない。
そんな時間を過ごしていると、
待ってくれず、理解してくれず、
信じてくれない相手に腹が立ってしまうの。
必ずしも相手のせいではなくても、
人は、現在の自分の姿が望んでいるものではないとき、
いちばん身近にいる人のせいにしてしまうことがあるのよ。

そうすると、いい思い出がどれだけ多くても、
よくない記憶を思い出すことのほうが多くなって、
相手を憎んでしまうことになるかもしれない。

そして、これはいちばん大切なことだけれど、
さみしさを感じたときは必ず伝えるべきよ。

長い時間を一緒に過ごしていると、必ずこう思うときが来る。

「あぁ、私たちは本当にちがう人間なのね」

そう気づくの。
そのとおりよ。あなたと愛する人は、
まったく別の人間なの。

はじめはいいところばかりが見えて気づかないけれど、
時が過ぎれば気づくことになる。

ちがいを感じたときこそ、本当にたくさんの会話が必要なの。
意見が異なることを恐れたり、
自分は嫌われているかもしれないと
考えたりしてはいけないわ。
それじゃあ会話ができないから。
会話ができなければ深い関係にはなれない。

振り返ってみると、本当に時間が経つのは早かった。
春が過ぎ、夏が過ぎ、秋も過ぎて、冬も過ぎ去って
いつのまにかまた春がやってきたわ。

この世に変わらないものはないと言うけれど
ひとりの人と変わらず、
いくたびもの四季を共に過ごせるということが
人生においてもっとも意味のある
美しいことだった気がするわ。

愛しているなら、
美しく愛を実らせてくださいね。

あなたと波長の合う人は必ずいる

ある女性が3年にわたる交際にピリオドを打った。

別れたほうがいいのか、交際を続けたほうがいいのか、
何度も繰り返し考えた末に別れを選んだ。

相手を本当に愛していて、幸せに付き合っていたなら
迷うことはなかったが、そうではなかった。

別れるべきか大いに悩んだという。
私は誤った選択をしようとしているのかもしれない、と。

自分が悪かったと感じる部分や問題点がいくつも思い出されて、
何よりも3年間の「情」のせいで心が痛んだ。
どんな場所に行っても、
その人との思い出でいっぱいだったから。

それでも別れを選んだのは、
付き合い続けることのほうが大変で、
会えば会うほど自分の人生が

幸せだとは思えなくなっていったから。

そして別れてしばらく経ってから悟った事実がある。

1つ目は、世の中には自分と波長の合う人が
たしかに存在するということ。
ぶつかり合うことがなく、とてもうまが合い、
考え方も似ていて、同じ方向に進みたいと思える相手が
存在することを知った。

以前は、交際を長く続けるには
とにかく努力をしなければならないと思っていた。
たしかに努力も大切だが、相手と波長が合わないのなら、
そのがんばりは決して自分を幸せにするものにはならないと
悟ったと言う。

自分と波長が合う人。考え方の方向性が似ている人。
以前の恋愛では、ケンカをするほどのことでもないのに
すぐに言い争いになり、
相手の思いもよらない言動にぎょっとして
心をかき乱されることが多かった。

たとえば、とても大人びた人は、
幼稚すぎる考え方の持ち主と一緒にやっていくのは難しい。

思慮深い人であれば、
考えの浅い相手と付き合うのは難しい。
情熱的に生きている人は、
人生を冷めた目で見る人と共に歩んでいくのは難しい。
頻繁にぶつかり合ってしまうことになる。

２つ目。たとえ交際期間が長かったとしても、
時間をムダにしたと考えるのではなく、
お互いを知るために時間を使ったのだと
考えればいいということ。
その人と付き合っていた時間より、
これから幸せに生きていく日々のほうがはるかに長い。
長く付き合っていたとしても本当に合わないのなら、
別れたほうが賢明なこともある。

３つ目は、愛情があって別れられないのか、
単なる執着なのかをしっかり見極める必要があるということ。

愛しているのなら相手に合わせて、
理解してあげるようにすればいい。自分のために。
その人のそばにいられることが幸せなのだから。
もちろん、相手が変わってくれるなら悩むこともないけれど。

もうあまり好きじゃないけど、別れるのは間違いかもしれない。

そう考えて、ケンカを繰り返しながらも
相手との関係に執着してしまい、
つらい思いをすることがある。
それは愛でもなく、別れでもない状態だ。
こういう時間が続くと、お互いに傷だけが残る。

気に入らなければとにかく別れろという話ではない。
でも、付き合っていてつらいなら、
なぜそうなのかを考えてみる必要がある。

別れようと決めたのに
いつまでも離れられないこともあるだろう。

しかし、交際してきた時間よりも
これから幸せになるべき自分の時間のほうが大切だ。
執着しているだけなら別れたほうがいいのだ。

愛し合っているなら、
お互いのつながりを感じられなければならない。

安定感
満足感
美しいと思える姿
優しくしてあげたいと思う気持ち

傷やつらさを癒してあげたいという気持ち
ずっとそばにいたいという気持ち
一緒にたくさんのことをしたいという気持ち。

そんな気持ちになれる相手と一緒にいれば、
人生はよりいっそう安定した
満足度の高いものに変わっていく。

これからの日々、
あなたが理想の愛とささいな出来事の中から
多くの幸せを感じて生きていけますように。

第 4 章

天職に
出合うために
今できること

期 待 せ ず
目 の 前 の こ と を コ ツ コ ツ と

勤続 30 年を経て、定年退職を控えたある会社の役員が
退任式でこんな話をした。

会社を辞める勇気があるなら、
1 歳でも若いうちに会社を辞めて
やりたいことに挑戦してみなさい。

でも、自分の人生設計について考えたとき、
会社勤めを続けていきたいと思うのなら
いくつかのことを覚えておいてほしい。

もしも今、あなたが新入社員なら、
あまり多くのことを考えすぎないでほしい。
入社直後は、もっとも多くのことを悩む時期で、
自分の意見や行動に確信を持てない時期だ。

だから、自分が今日 1 日どれほど至らなかったのか、
あるいは、

自分は会社の役に立っているのだろうか、
自分の行動は正しいのか間違っているのか、
そうしたことをあまり考えすぎないでほしい。

今は学びの過程だという気持ちで、
いずれ多くの仕事を担当するためのステップだ
と考えてもかまわない。

どんなことであれ、学びの過程において
うまい下手はそれほど重要ではない。
もちろんミスがあれば叱られることもあるだろうが、
気にしすぎることはない。

その人と永遠に一緒に仕事をするわけではないのだから、
相手に大きな意味を持たせて苦しむ必要はない。

会社にかぎらず、
静かに話せる状況なのに怒鳴ったり、
あえて言わなくてもいいことに
いちいち口出しをしたりする人はいる。
そういう相手に大きな意味を持たせずに生きていくことが
人生をうまく歩んでいくコツだ。

管理職になれば、
取りまとめなければならないことがさらに多くなる。
もっとも重要なのは、見返りを求める心を捨てることだ。

私はこれだけやったんだから、
他の人にもこれぐらいやってほしい、
私はこんなふうにしたから、
相手にも同じようにしてもらいたい。
こういう考えが積み重なっていくと、
態度にも出てしまい、
毎日顔を合わせなければならない人との関係が
ぎこちなくなって、
コミュニケーションがうまくいかず、
業務遂行がいっそう難しくなる。

見返りを求める心を捨てて、
自分がこなせるぶんだけの仕事をやることが重要だ。

・・・

明るく朗らかでありたければ、
明るく朗らかに過ごし、
親切にしたいと思う相手には親切にして、
親切にしたいと思うのが難しい相手にはほどほどに接し、

自分ができる範囲のことをがんばりつつ、
自分にこなせるスピードで
人間関係や会社の仕事に取り組めば、
いつまでも心に問題を抱えることなく
歩んでいくことができる。

期待を持ってやるのではなく、
自分ができるぶんだけの仕事をこなしながら進むことに
意味を持たせてほしい。
それが自分らしさだ。簡単に揺らがない自分になれる。

また、働くだけでなく、
趣味を必ず持ってほしい。
運動するとか、絵を描くとか、登山をするとか、
服を買うとか、どんなことでもいい。
やりたいと思う趣味もなく働いてばかりいると、
当面は成果が上がり、
多くの仕事をこなしているように思えるが、
時が過ぎるにつれて集中力が落ちていく。

あまりにも仕事のことばかり考えて、
仕事だけを見つめていると集中力が低下する。
集中力が落ちれば、どのように進めばいいかわからなくなり、

いいアイデアも浮かばなくなってしまう。

業務の効率も上がらず、
ますますピリピリしてナーバスになってしまう。

仕事をするのと同じぐらい、
趣味を楽しむ時間は欠かせないものだ。

愛する人たちとの時間を持つのもいい。
そのことは必ず、業務に対する高い集中力と
長く持続するエネルギーをもたらしてくれる。

私の人生を振り返ってみると、
大部分の時間を会社で過ごしていたが
いつも自分が誇らしかった。
簡単ではなかったが、
自分の居場所を守ることによって
私の望む暮らしと家族を守れていたから。

おいしい食べ物を食べて
素敵な場所に旅行に行き
買いたい服を買って
趣味の時間を過ごして
新しい経験ができたから

こんな私が誇らしかった。

会社に長年通うのか短い間だけ通うのか、
今後どうなるかはまだわからなくても
自らの居場所を黙々と守る自分を
今以上に誇らしく思ってほしい。

人は誰しも、自分が見たいと願う虹を
心の中に1つずつ抱いて生きていく。
その虹を見るためには、
雨の降る日を乗り越えなければならない。

私たちは人生において、
それぞれ雨の降る日を耐えながら生きていく。
今、雨が降っているからと言って
失望しすぎないようにしよう。

この雨がやんだら、
美しい虹のような出来事がやってくるだろう。

波が過ぎ去るように
痛みも過ぎ去ることでしょう。

やりたい仕事をするべきか、
安定した仕事をするべきか

息子が父に聞いた。

やりたい仕事と安定した仕事、どっちを選ぶべきだろうか。

すると、父は言った。

やりたい仕事をやりなさい。
人生において、やりたいことがあるのは大きな幸せだ。
時が経てばわかるようになるだろう。

年を取るにつれて、
人は自分の好きなものや、やりたいことを
どんどん忘れていってしまう。

やりたいことがあるというのは、
それだけで幸せなことだ。
自分の色で、人生を生きられるチャンスが
やってきたということだよ。

すると息子が言った。

でも、安定した仕事じゃないんだ。
うまくいかないかもしれない。
それで周囲に後れを取って貧乏になったら
やりたい仕事をやっていても
幸せだとは言えないんじゃないかな。

父はこう答えた。
たしかに、そうかもしれない。
でも、人生はおまえが恐れているように
悪いほうにばかり進んでいくわけじゃない。
そうならないように自ら行動するはずだからね。

やりたい仕事をやっていて、経済的に厳しくなったら
安定した仕事を探すために、また努力するはずだ。

おまえは自分の人生が
不幸になっていくのをみすみす放っておくことはない。
だから、不幸な人生を生きていくかもしれないと
今から心配しなくてもいい。

今、必要なことは、

今後の人生で二度とできないかもしれない仕事に
果敢に挑戦することだ。
うまくいくとしても、いかないとしても。

そうすれば、その仕事が
自分に合っているのかどうかがわかり、
うまくやれるかどうかをたしかめることもできる。

やってみたもののイマイチだと思うかもしれないし、
挑戦する前より不幸だと感じることもあるかもしれない。

そのときは辞めればいいんだ。

挑戦がいい方向に向かうこともある。
これまでやってきたどんなことよりも自分を輝かせて、
経済的な豊かさをもたらしてくれて
周囲の人々に認められる人になるように
後押ししてくれるかもしれない。

そうなれば、おまえはその仕事に
ぴったり合っているということだ。
熱心に続けて、願いを成し遂げていけばいい。

どんな結果が出るかは、やってみてはじめてわかる。
前もって心配する必要はない。

やる前から
うまくいかなかったらどうしようと思っても、
その問いには何の意味もないよ。

うまくいかなかったとしても、
どうってことない。大丈夫だ。
もっとうまくやれることを探せばいい。

自分だけのレースを颯爽と駆け抜けていけばいいんだ。

人より人生が遅れる、って？
人生に早い遅いはない。
幸せに生きる人と、そうではない人がいるだけだ。

ただ過ぎていく毎日の中で、
生きる理由が見つからず、
自分が無意味な存在に思えるなら、
早く進むことは重要じゃない。
むしろ立ち止まらなければならない。

一度立ち止まって進む方向について

考え直すべき時期なんだ。

その瞬間は他の人より遅れているように
思えるかもしれないが、
永遠に立ち止まっているわけではない。
正しい方向を見つけ出して、
また力強く歩み出せるはずだ。
そして、幸せになるだろう。

他の人々とは少し方向がちがっていても
他の人々とは速度が少しちがっていても
他の人々とは考え方がちがっても
幸せになるだろう。

・・・

人間の目標は、
人生を自分の色に染めながら歩んでいくことだ。

明日がいっそう待ち遠しくなって
今日がやりがいに満ち溢れ、
心が嬉しくなる瞬間に
たくさん出会いながら生きていくことが
人生の目標だと思う。

だったら、おまえの進む方向は決まっている。
今もこの先もやりたい仕事をやりなさい。

その道が平坦だと言いたいわけじゃない。
どんな道よりも困難が多いかもしれない。
でも、その険しい道を歩むことを哀れだとは思わない。
むしろ立派に見えるだろう。
自分だけの道を歩んでいく姿が。

森の中にはたくさんの木が生えている。
さまざまな種類があり、形もすべてちがう。

おかしなことではないんだ。

ただ、それぞれの姿で存在しているだけだから。

画一的な生き方をしなくても
おまえは落伍者ではなく、逃亡者でもない。
人生の目標に近い道を選びなさい。

それが心に情熱をもたらし
がんばり続けたいと思える人生を
生きられるようにしてくれるだろう。

私が人生でいちばん後悔しているのは
失敗を恐れて、進みたい道を歩む勇気を出せず、
胸の中に抱いていた物語を実現できなかったことだ。

おまえが、胸の中の夢をこの世界で実現して
生きていけるよう願っているよ。

お 金 持 ち に な る 方 法

まず、自分でこんなテーマについて書くのは
とても恥ずかしいし、きまりが悪い。
"お金持ちになる方法" だなんて。
では、私はお金持ちなのだろうか？
自分でそうだと言うのも何だが、
現在は1カ月に1億ウォン（約939万円）程度の売上を出す
出版社を経営している。

6年前の私は、1カ月に50万ウォン（約4.7万円）しか稼げず、
アルバイト生活を送っていた。
これから伝えるのは、
20代を経て30代を過ごしながら私が切実に感じた事柄であり、
成功した人々を観察して感じたことだ。
成功の絶対的な基準ではなく、個人的な見解だと思ってほしい。

まだチャンスが巡ってこないと嘆くことはない。
この文章が、人生における望みを1つずつ叶えていくために
役立つものになれば嬉しい。

１．自分がなりたいものは何なのか、はっきり定めよう

「こうなりたい」という明確な姿がなければ、

何事にも一生懸命に取り組むことができない。

ひたすら仕事が早く終わることだけを願いながら、

時間をつぶしたり、

こんなに大変な仕事をしている自分には

どれだけの癒しが必要だろうかと考えたり、

優れた人と自分を比較して落ち込んだりして、

時間を浪費してしまう恐れがある。

自分がなろうとする姿を

はっきり定めて前に進まなければならない。

それが何なのかわからないのなら、

じっくり考えて探すための時間を持とう。

単に、他の人がやっているから、安定しているから、

両親が望んでいるから、友だちがやっているから、

そんな理由で生きていたら、

あなたは決してお金持ちにはなれない。

いや、願いを叶えることはできない。

自分が心から望んでいるものが何なのかを知らないから。

自分の望む姿が見えてこないと言ってあきらめずに

どんな姿になりたいのかをじっくり考えてみてほしい。

わからないのは当然のことだ。
そこで終わってしまうのではなく、
わかるようになるまで悩んでみよう。
大変でも難しくても、それはあなたのためになることだ。
自分がなりたいと願う、具体的な姿はあるだろうか?

2．失敗する準備をしよう
あなたは、なりたい自分を具体的に設定したあと、
その姿に向かってさまざまな行動を起こす中で
失敗を繰り返すかもしれない。
目指す生き方があっても、
それを構築する段階で失敗することもある。
周囲から小言を言われるかもしれないし、
その道は正しくないと口出しされることもあるかもしれない。
そうした言葉に耳を貸す必要はない。
成功した人々はあなたが夢に向かって進み、
望む姿を目指して努力しているときに、
「失敗するよ」「あきらめたほうがいい」とは決して言わない。
彼らはみな「あなたはよくやってるよ」と言うだろう。

そうした時間を体験したことのない人だけが、
一度や二度の失敗を見て、「あきらめたほうがいい」「間違って

いる」「もっと安定した仕事をしろ」と言うのだ。

失敗は欠かせない時間だ。
その失敗によってのみ、ひとえにその失敗によってのみ、
あなたは学ぶことになるだろう。
どうすればもっとうまくやれるのか、
すべきでないことは何なのかを。

あなたは失敗するたびに、もっとうまくやれる方法を考え、
実行していくだろう。
その結果、どんどん成長していくかもしれないし、
自分には合っていないと認識して、
別の何かに挑戦することになるかもしれない。

その時間があればこそ、成功に近づくことができ、
あるいは、どうしても無理だと気づいて断念し、
自分に合った新たな人生を見つけられるようになる。

３．もっとも重要なことだけに集中しよう
あなたがトッポッキ屋の開業を考えているとしよう。
では、何が必要だろうか？
成功する人々はこの世でいちばんおいしい
トッポッキのレシピを開発するために
ありったけの時間をつぎ込むだろう。
大いに悩んだ結果、この世でいちばんとは言えないとしても
それに近い本当においしいトッポッキを完成させるはずだ。

そんなトッポッキが世に出れば、
あえて宣伝をしなくても
一度食べたお客さんがまたやってくるだろう。
そして、口コミが広まって、どんどんリピーターが増えていく。
成功にしか結びつかない。

しかし、自分が目指す姿の本質に集中しなかったとしたら。
たとえば、トッポッキ屋を始めると決めたのに
きれいな皿ばかり探したり、
美しく包装する方法をひたすら研究したり、
炸醬味もあったほうがよさそうだと
やたらにメニューを増やしたり、
マーケティングが大切だからと
戦略を立てることだけに時間を費やしたり。
そんなふうに過ごしていれば、成功からはほど遠くなる。

自分がなりたい姿の本質にすべてをかけて集中しよう。

私が作家になると言ったとき、
周囲の人々は「本をたくさん読むべきだ」と言った。

作家になることの本質は、本をたくさん読むことだろうか？
そうではない。
読んだ人が共感して、
必要なときにまた読みたくなるような文を書くことが本質だ。

そのためには、
人々が聞きたい話と必要な話が何なのかを把握したうえで
書くことに集中しなければならない。

しかし、本質に集中せずに、
作家は本をたくさん読まなければならない、
作家は知識を増やすために新聞を読むべきだ、
作家はたくさん旅に出て経験値を上げなければ、
作家になるには人付き合いを大切にして
コミュニケーション能力を高めるべきだ、
そんなふうに読書や旅、新聞、人脈づくりばかりに
集中していたら、いつまでも文章は書けない。
人々が何を望んでいるのかを考えて、
また読みたくなるような文章を書くことはできない。

読み手が求める文章を書くための本質は
人々が望んでいるものを知るために時間を使うことだと思う。

なりたい姿になるために本当に必要なことを見極め、
ありったけの力を注ぐことが大切だ。

もっとも重要な本質がわからないなら、
それを考えることから始めなければならない。

すべてをうまくやる必要はない。
何もかもうまくできればそれに越したことはないが、
まずは本質を取りちがえないことだ。
もっとも重要なことに超集中しなければならない。

具体的になりたい姿を持ち、
試行錯誤を重ねて、もっとも重要な本質に全力を注ぎ、
誰にも真似できないほど本質的な実力を育てれば
代替不可能な人になる。業界の実力者になれる。

実力はやがて、あなたの収入を上げてくれる。

ある講師は1時間に30万ウォン（約2.8万円）を稼ぎ、
他の講師は1時間に300万ウォン（約28万円）を稼ぐ。
後者は本質的な実力が他の講師より高いからだ。
実力に経済的評価がついてくるのはごく自然なことだ。

こういうことを書くのは、本当に気恥ずかしいが
具体的な目標を持ち、多くの失敗を繰り返しながら、
本質を重視すべく夜を明かして努力したこともあった。
これが絶対的な成功の公式と言えるかどうかはわからないが、
20代、30代を経て経済的な余裕を持ち、
各自の分野で成功している人々を見ると
大部分がこんな時間を過ごしている。

あなたには、どんなことでもできる。
今がどんな姿であろうと関係ない。
今からどんな思考を持って生きていくかが
重要だと思う。

本で読んだことだが
宇宙が存在しうる理由は
人間が宇宙の存在を認識したからだと言う。

もし人間が宇宙の存在を認識しなかったとすれば
宇宙には何の価値もなく無意味だ。

それゆえに、あなたは宇宙よりも大きく重要な存在だ。
人生において自分をあきらめず、
より大きな可能性を信じてみよう。

仕事を辞めるかどうかの基準

友人が仕事を辞めるべきかどうか悩んでいた。

今の会社も悪くはないが
将来を考えると、このままここにいていいのか確信が持てない。
かと言って、辞めたとしても
今以上に勤務環境や雰囲気のいい職場が
見つかる保証はない……。

堂々巡りになって考えがまとまらず、
自分より社会人経験の長い先輩に助言を求めた。

すると、先輩はこう言った。

どんな会社に入っても、100％気に入ることはないものだよ。
心から入社したいと願っていた会社でも
いざ入ってみたら、仕事に行きたくなくなったり
このまま勤め続けるべきかどうか悩んだり
想定外の困難に出くわすことがある。
どんな一流企業に入っても、

いくら自分と合った会社でもそれは同じだ。

だから、今悩んでいるからと言って
すぐに辞めたら後悔することになるかもしれない。

もし単なる一時的な感情ではなくて
辞めたい気持ちがずっと消えないなら、

・今の職場に好きだと思える人がひとりもいない
・業務が自分の適性にまったく合っていない
・やりたいことが新しく見つかった

こんな理由があるんじゃないかな。
もしそうなら、
まるでサイズの合わない靴や服のように
今の会社は君と合っていないかもしれない。

だったら辞める、って？

いや、もう一度考えてみて。

たとえ自分に合わない会社だとしても
働く対価として、
納得できる報酬をもらっているかどうか。

待遇にも満足できていないなら
そのときは辞めてもいいと思う。

昔、上司に聞かれたことがある。

今より給料が高くて居心地の悪い会社と、
収入は減るけど気楽に働ける会社があったら、
どっちに行きたいかって。

人それぞれ状況がちがうと思うけど
僕はいくら収入が増えるとしても
気詰まりなところで働き続けるのは
難しそうだと思った。

気苦労が多くなれば、稼ぎが増えても
その金を結局ストレス解消に使ってしまうことになる。
そうなったら何も残らないし、得るものもない。
そんな時間を重ねてきたように思えたんだ。

だから僕は会社を辞めることに決めて
今はそれなりに気に入ったところで働いている。

一緒に働く人々や職場の雰囲気は
とても重要だと僕は思う。

その雰囲気が自分と合っているか。
実力を発揮できる環境なのか。

よく考えて
少しでも自分と雰囲気の合う場所で
一日を気持ちよく始めて、
気持ちよく終えられるようになるといいな。

もし、「安全な場所」が自分を苦しめるのなら、
僕たちは、その場所を捨てて
新たな地を目指さなければならない。

よりよい人生のために
新天地へと旅立つ決心をすべきときがくる。
その旅程が君にとって
糧になることを祈っているよ。

一代で財を成した人

一代で財を成した 40 代の人にインタビューする機会があり、
自分の腕一本で成功をつかむことができた理由を尋ねた。
一生懸命に生きました、努力しました、
こんな言葉を予想していたが、驚くべきことに
まるでちがう話を聞くことになった。

私が一代で成功できた理由をお話しするとしたら
まず、他人を非難することがなかった
ということがあげられます。

周囲を見回すと、よく知りもしないのに、
あるいは、自分は何でも知っていると思い込んで
あまりにも簡単に他人を非難して憎み、嫌う人がいます。

その絶え間ないネガティブな感情は、
やがて自分がやろうとすることにまで悪影響を及ぼします。
自分の仕事に否定的に向き合うようになってしまえば
当然いい結果を出すことはできません。

他人の人生に立ち入ろうとするクセは捨てるべきです。

誰かを悪く言う人は、
ひとりだけを非難するわけではありません。
自分が気に入らない人に出会うたびに、
非難しながら生きています。

そんなことをしたって、自分には何も残りません。
周囲の人々にこんな気持ちを抱かせてしまいます。
何かこの人の気に障ったら、
私のことも非難するんだろうな、と。

誰かを恨めしく思ったり嫌いになったり、
腹を立てたりすることもありますが、
特定の人を責め続けたり、状況をよく知りもしないのに
根拠のない非難をしたりすれば
相手をひどく傷つけることになります。

人を非難しても何の役にも立ちません。

今日は何をしたのか、明日は何をする予定なのか、
今日はどんないいことがあったのか、改善すべきことは何か、
明日の楽しみは何なのかを考えることに時間を使いましょう。

他人に干渉する習慣から抜け出して、自分の人生に集中すれば、
のちのち、あなたの人生にずっといい影響を及ぼします。

次に、嘘偽りない心で人と接することです。
会社でも地域社会でも、事業においても本当に重要なことです。
気づかれまいと自分では思っていても、
本心なのかそうでないかは相手にすべて伝わるからです。
あなたが誠実な気持ちで接しているのか、
損得勘定で動いているのか。

人生には、自分が真摯な気持ちで接した人だけが残ります。
やがてその相手が、あなたが大変なときに
もっとも大きな助けをくれるのです。

真心を込めて話し、真心を込めて聴いてください。
人間関係においては、誠実に接することだけが意味を持ちます。

最後に、これは新型コロナウイルスの感染拡大が
収まらなければできないことですが……。
そのときが来たらたくさん旅行に行ってください。
旅をすることは、成功において大きく役立ちます。
視野が広くなり、経験の地図が広がります。
それはとても重要なことです。

たとえば、箸とスプーンをつくるにしても、
さまざまなカトラリーを目にして実際に使った経験がある人は
他の人々が考えつかないような
独創的なものをつくり出します。
視野が広いからです。
しかし経験が浅い人は
何かを１つつくるだけでも大変な苦労をします。

多くの経験を積んで、自分の地図を広げておけば
どんな仕事においても役に立ちます。知恵が生まれます。
そして何よりも、疲れたときにどこかに旅立つのは
それだけで大きな喜びになります。

・・・

ここまでの話にとても共感したが、聞きたかった。
がんばることは重要ではないのか。
すると、こんな答えが返ってきた。

がんばることは重要ですよ。とても大切です。
一生懸命やらないのなら、
いっそやらないほうがましかもしれません。
中途半端にやっていたら、時が経っても成果は得られず、
気持ちばかりが焦って、なおさらつらくなりますから。

でも、がんばることよりも重要なのは、
最後まで自分を信じることです。

私は 40 代になって安定した暮らしを手に入れましたが、
20 代、30 代は失敗の連続でした。

当時はがんばっていなかったのかって？
いいえ。もしかしたら、
今より一生懸命だったかもしれません。
それでもうまくいかないことがあったんです。
失望したり、挫折したりもしましたが、
がんばる自分をとにかく信じました。

そして 40 代に入ってから、少しは他の人々が
羨むような生活を送れるようになりました。
自慢みたいになってしまって申し訳ありません。
でも、事実です。

自分を信じることが大切です。
いつになるかはわかりませんが、きっと輝くはずです。
今、苦労したぶん
今、努力したぶん
時が経てば、誰よりも明るく光ることでしょう。
だから自分をあきらめないで、

これからも颯爽と進み続けてください。
明るく輝くその日に向かって。

第 5 章

幸せな
人間関係の築き方

私 は 人 付 き 合 い に
問 題 が あ る か も し れ な い

人間関係が何度もよくない形で終わると
誰でも自分を疑うようになる。

「私は人との付き合い方に
大きな問題があるのではないだろうか?」

すると、気持ちが落ち込んで
ますます人付き合いが怖くなり、難しくなっていく。

こういう状態に陥るのは、あなただけではない。
他人と関わる人なら誰もが経験する悩みだ。

私だって同じ。

周囲の人々が"私"を必要としていないような気がするときや
新しく築くことになった人間関係が
なかなかうまくいかないとき、そんな考えが思い浮かぶ。

しかし、時が過ぎ去ってみれば、

遠くであれ近くであれ
誰かがそばに残っている。

あなたもそうだと思う。
人間関係で心が弱くなったときは、
２種類の事実を覚えておけばいい。

１つ目。あなたは人間関係に難しさを感じて、
ひとりでいるほうが気楽だと考える人かもしれない。
反対に、人と付き合うのは気楽で楽しいという
社交的な人かもしれない。
いずれにしても自分がどういう性格なのかを
知ることが重要だ。

必ずこんな姿になるべきだというものはない。

社交的な人もいれば、非社交的な人もいる。
ただの性格のちがいだ。

冷たい水が好きな人もいれば、
温かいお湯が好きな人もいるように、
冷たい水が好きだから正しくて、
温かいお湯が好きだから間違っているなんてことはない。

それぞれの性格がちがうだけ。

自分がどんな性格なのかを知って
心に合わせて行動して生きていくことが重要だ。

「誰かが私にこんなふうにしてくれたら幸せだ」
「誰かと一緒に何かをすれば、人生は幸せだ」

そう考えると、たびたび虚しさを感じ、
人間関係を難しいと思うことが増え、
人に対して頻繁に物足りなさを抱き、
他人のせいで感情の起伏が激しくなることが
増えるだろう。

自分の幸せは自分で満たせるようにしよう。
そうすれば、あなたが社交的な性格でも非社交的な性格でも
他人によって揺らぐことなく、
人間関係を自分の性格に合わせて築き上げられる。

この２つが人間関係においては重要だ。
このことを知らずにいたり、
まったく意識せずにいたりすると、

自分を苦しめてしまうことになる。

あなたが社交的でないとしたら、
社交的な人と比べてつらい思いをしたり、
長い間苦しんだり、
自分を責めながら生きていくことに
なったりするかもしれない。
あるいは、非社交的な自分を認めたとしても、
他人によって自分の幸せを満たそうとしていると、
人間関係に縛られて苦しくなる。

２つの事実を忘れずに人間関係を結ぶことが
人付き合いにおいて、自分らしい軸を持つために役に立つ。

道ばたに咲く花
山に咲く花
曲がり角に咲いた花。
花はすべてかぐわしく美しい。

あなたがどんな姿でも、どこで咲いていても
あなたは美しい人だ。

周りからの評価が気になるとき

人間関係が苦手な人は
他人に自分のいい面だけを見せようとする。
そのため、相手にもいい面だけを見せてほしいと望む。

いいことがあったときも
大変なときも誰かにすべてを話すことはない。
自分がどう思われるかをとても気にするからだ。

気乗りしないときも相手の話を聴いてやる。
心から共感できなくても
共感したふりをしてしまう。
自分の意見を言うことができず、
そのままになってしまうことが多い。
すると、だんだん心が疲れて、
人に会うのを避けるようになる。

相手に悪く思われることに
大きなつらさを感じる。
無視してもいい、考える必要のないことだと

頭ではわかっていても、
自分がよく思われていないと知ると、ひどく苦しむ。
人に興味を持たれなくてもかまわないが、
とにかく嫌われることがつらい。

愛された経験が少ない。
愛情表現をされても、自分が愛されていると
感じ取ることができない。
愛を受け取ることにも与えることにも
慣れていないと自覚している。

新しいことに挑戦することはできるが、
誰かと持続的に会話をしたり、
気を許せる相手以外と長く一緒にいたりするのは
落ち着かず、苦痛を感じる。

知っていることがとても多いか、逆にあまりにも少ない。
自分は周りの人々とはちがうと感じることが多く、
ありのままの感情を表現して伝えるのが苦手だ。

とても面倒見がいいか、あまりにも人の面倒を見ない。
中間的な人間関係がなく、人の顔色を窺い、
状況に合わせて行動することに神経をすり減らす。

人と関わったときの自分の姿が気に入らなければ、
いつまでも考え続けて苦しむ。

過度に外見を気にしたり
過度に自撮りにこだわったり
他人の目に映る自分の姿に
行きすぎた関心を持ったりしている人は、
一見気さくでクールな強い人のように見えても
実際は他人をとても意識していて、
傷つきやすい人であることが多い。

人間関係が難しいと感じる人は、
"私"を失わない程度に
ぎこちなくても溶け込んで過ごせるように努力を続ければ、
自分ならではの人付き合いのコツがきっと生まれる。

草花に水を与えると、
いつのまにかぐんと美しく育っているように、
人間関係に難しさを感じていても、
ほんの少しずつ努力すれば、
やがて不便に感じることが減っていくだろう。

あなたはいい人だ。

誰かに言われた悪い言葉を
すべて受け入れる必要はない。

なぜなら、それは真実ではないから。

どこに行っても愛される人

会社員になって10年の友人が
世の中にはどこに行っても愛される人がいる
と言っていた。

どんな人なのかと聞いたら、こんな話をしてくれた。

愛される人の特徴は、まず気さくで率直だ。
顔色を窺いながら遠まわしに話したりせず、
自分はこう思うと、相手が気を悪くしない程度に
ストレートに発言する。

一方、ふだん言いたいことを言わずにいるのに、
何かの拍子に突然不機嫌になって、
サッと背を向ける人がいる。
何が気に入らなかったのかわからないし、
一緒にいても通じ合えている気がしない。
そんな人に対しては、こちらも素直な姿を見せにくくなる。
好意を示したいという気持ちにならない。

どこへ行っても愛される人のもうひとつの特徴は
苦労話に共感するのが上手ということだ。

誰かの苦労話や傷ついた出来事を聞くと、
アドバイザー気取りで「今度はこうするべきだよ」とか
「それは君が間違ってる」「そこまで悩む理由がわからない」
というふうに話す人がいる。
そんな人には二度と苦労話を打ち明けたくないし、
コミュニケーションを取りたいと思わなくなる。

一方で、大変なときにつらいことを話すと、
深く共感してくれる人がいる。
こちらは特別なことを求めているわけではない。
ただ「それは大変だったね」という言葉を
言ってもらえるだけでも深く慰められるし、
その人に今後もっと親切にしたい気持ちになる。

そして、愛される人はよく笑う。
意味もなく笑うのではなく、笑顔で話をして、
人の話を聴いているときも、よく笑ってくれる。
そんな人となら、ずっと話していたいという気持ちになる。

一方、こちらが話しているときに表情が硬い相手だと、
自分に対して何か気に入らないことがあるのかと

勘繰ってしまう。
ひょっとして気に障ることがあるのかと聞いても、
そんなことはないという答えが返ってくる。
でも、その表情はずっと固まったままだ。
自分だけ明るく笑顔で接するのも妙なので、
こちらの表情もこわばってしまう。
そのうち、楽しく過ごしたいときは
その人に会わなくなってしまう。

最後にもう1つ付け加えるなら、
愛される人はよく知らないことや確信を持てないこと
について、知ったかぶりをすることがない。
よく知らないのに知っているそぶりをすると、
それらしく見えるのではなく、会話が混線してしまう。
あとになって、正しいのかどうかを
話し合わなければならなくなり、
毎回、誰の言葉が正しいのかを追及することになる。

よく知らないことは黙って聞き、
知っていることは明確に話すように努めることが、
コミュニケーションにおいて大いに役立つ。

愛されるような行動をまるでしていないくせに
相手に好かれたいと願う人がいる。

そういう人は愛したくても愛するのは難しい。

・・・

彼の話を聞いていると、
人はみな同じポイントで思いやりを感じて、
感謝の気持ちを抱くようだ。

共感してくれた、話に耳を傾けてくれた、
自分がつらいときに説教をしようとしなかった、
微笑みながら話してくれた。
ささいなことだが、こうした姿勢が
人に愛されるために大切な方法だと思った。

私たちは誰しも愛されたがる。
でも、一度ぐらいは、
自分が愛されるに値する行動をしているかどうか
振り返ってみることも必要だという気がした。
もちろん私たちは他人に愛されるために
生きているわけではない。
しかし、せっかくなら小さな行動に気を遣って、
人の気分を害することなく、
受け入れられて愛されるなら、
それは素敵なことなのではないかと思う。

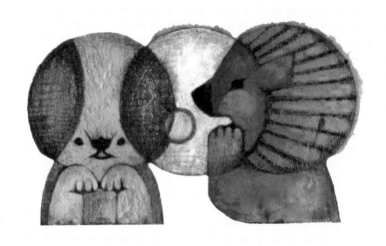

申し訳ないと思ったらごめんなさいと言い

感謝を感じたらありがとうと言い

悔いがあるなら後悔していると言い

会いたいときは会いたいと言おう。

言葉にしなければ相手には伝わらない。

不 親 切 な 人 に ま で
気 を 使 う 必 要 は な い

先日、酒類工場を手広く経営する社長と話す機会があった。

その社長が若い頃、はじめて担当したのは
さまざまな業者に酒類を配達する仕事だったと言う。

配達先で自然と多くの社長に会うことになり、
その中で感じたのは
世の中の人々は大きく2種類に分かれるということだった。

人に接するとき、親切な人と不親切な人。
つまり、人を尊重する人と尊重しない人だ。

当時、彼は何も持っていない青年だったが、
そんな自分にも親切に接してくれる人がいたかと思えば
訳もなく不親切で
人格を尊重してくれない人もいたと言う。

親切な社長を訪問する日は
朝から気分がよく、仕事にも自信が持てた。

不親切で人を見下す社長に会うときは
前日からよく眠れず、仕事に行くのがおっくうで
1日中、心が萎縮して、
仕事に集中できなかったと言う。

そこで当時、自分はどんな人に対しても、
思いやりを持って親切に接していこうと決めたそうだ。

ただし、自分の人格を尊重してくれない人にまで
親切にすることはない。
はじめのうちは不親切な人にまで気を使っていたが、
やがて心が疲弊して、壊れていくことに気づいた。
譲れない部分まで自分を犠牲にしていると
知り合いの中に嫌な人が増えていくだけで
自分を失うことになると悟った。

そんなふうに人を尊重して、親切に接してきた。
30年が過ぎ、人付き合いにおいて3つのものを得た。

1つ目は良い評判と信頼。
2つ目は多くの人々が向こうから会いに来てくれて、
自分を好いてくれるようになり、
周囲には、親切で相手の人格を尊重する人々が
自然と集まるようになったこと。

そして3つ目は、勤続年数10年以上の社員が
自社の70%以上を占めるようになったことだ。
ベテランが多いので能率が上がり、
誰もが熱心に仕事に取り組んでくれる。
そのおかげで自分もいっそう成長することができたそうだ。

社長はこう言った。

どれくらいお金を持っているのか
どんな容貌なのか
どれくらいユーモアがあるのか
どれくらい話術に長けているか。
こうしたことは
短期的な人間関係には影響を及ぼすかもしれないが
長期的に見たとき、
人付き合いにおいてもっとも重要なことは
相手の人格を尊重して、親切に接するかどうかだ。

長く一緒にいたいと思われる人になること、
それが人と上手に付き合う方法だ。

ただ人に親切に接するだけでも
人生において、たくさんのことを得られる。

そして、可能なかぎり、
若いうちにたくさんの人に会ってみるといい。

多くの人に会えば、
本当にいい人とはどんな人なのかを知ることができる。

たとえば、あまり旅行をしたことのない人は、
新しい土地を訪れても、
そこがものすごくいい場所なのか、普通なのか、
よくないのかがわからない。
しかし、あちこちに行った経験がある人は
比較できる。

人生の時間配分をしよう。

いい人と気の合う人のために時間を多く使い、
いい人でも自分とはあまり合わない人に使う時間は
やや少なめに、
人格を否定する不親切な人に
自分の人生を費やす必要はまったくない。

こんなふうに方向性を定めれば
人間関係の悩みが大きく減る。
同時に、仕事の能率も上がっていく。

実のところ、人付き合いをうまく続けるための
特別な方法があるわけではない。
人との間には必ず守らなければならないマナーがあり、
それを守れる人と付き合うだけだ。

社長の話を聞きながら、
自分がこれまで人に対して
どんなふうに接してきたかを見つめ直すことができた。

今後どのように人間関係を築いていけばいいのか、
少し道が見えてきたような気がする。

友だちと付き合うとき
誰が誰より優秀だとか劣っているなどは
あまり重要ではない。

その人が神経質すぎず
適度に責任感を持っていて
一緒に過ごしたいという意志があれば
それだけで十分だ。

他 人 は 自 分 の 鏡

人を苦しめるのは人だ。

他人の人生に過度に干渉したり
相手の気持ちを考えずに無神経なことを言ったり
弱っている人を利用しようとしたり
人を馬鹿にして自分を立派に見せようとしたり
他人を妬んだり、気に入らないからと意地悪をしたり。
こんな行動を取る人のせいで、人はつらくなる。

しかし、尊敬すべき素晴らしい人もいる。

誰かについて話すときは、常に言葉を慎んで気を遣い、
自分が正しいと容易に判断せず
相手の話にじっと耳を傾けてやり
相手に必要なものは何かを真剣に考えて
見返りを求めることなく分かち合い
自分の居場所で黙々とやるべきことをこなしていく人。

あなたのそばには、どんな人が多いだろうか？

あなたは今、どんな人だろうか？

素晴らしい人になりたいなら
素晴らしい行動を取り
好ましくない人になりたいなら
好ましくない行動を取ればいい。
自分がどんな人なのかは、行動が語る。

これから生きていく中で、たくさんの素敵な人に出会い、
私自身も他の人々にとって素敵な人になれたら嬉しい。

そうすれば、いつか "私" も他の多くの人々も
人のせいで苦しむのではなく
人によって幸せを感じる瞬間が増えるのではないだろうか。

話しすぎるな、
ますます話を聞いてもらえなくなる。

話をたくさん聴け、
相手にどんな言葉をかければいいのかわかるようになる。

一言一句に多くの意味を見出そうとせず、
その人があなたをどう思っているのかを重視しなさい。
あなたをふだんから大切にしていたかどうか
それがいっそう真理に近い。

たくさんの人に
あなたがどんな人なのかをすべて話す必要はない。

ネガティブな考えを減らして
ポジティブな想像をたくさんしよう。

人生で遭遇する物事すべてが
うまくいくべきだと考えるのではなく、
よくないことから早く抜け出す訓練をしよう。
そうすればいいことが長く続く。

不完全でも
成長を続けていて

怖がりだけど
恐れる自分を克服しようとしていて

実力はまだついていないけれど
やる気に満ちている。

そんな人なら、きっと何でも乗り越えられるだろう。

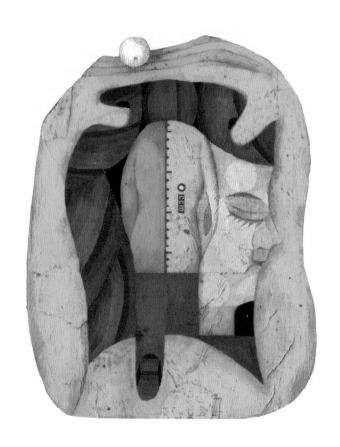

本心

あなたの本心を知っている誰かがいる。

私たちの幸せは "自由" にある

〜〜〜〜〜〜〜〜〜〜〜〜〜〜〜〜

「私は氷水が好き」という人でも
とても寒い冬がやってきて身体が冷えれば
氷水を飲まなくなる。

「歩くのが嫌い」という人も
自分の胸を弾ませる恋人と美しい道を歩くときは
歩くことが苦痛ではなく、幸せになる。

私たちは "何をしたから" 幸せになるのではなく
状況に合わせて、自分の望みが叶えられたときに
幸せを感じる。

それを一言で表現するとしたら、
「自由」だ。

私たちは自由なときに幸せを感じる。

逆に、自由でいられないときは、

不幸だとたびたび考えるようになる。

話したくない相手と
やむを得ず会話を続けなければならないときに
話さないという自由が選べなければ、不幸だと感じる。

働きたくないのに、働き続けなければならないとき
食べたいものがあるのに食べられないときも、
自由が奪われたように思えて、不幸だと感じる。

しかし、自分の求める"自由"があれば、
他人の目には大変そうに見えたとしても、本人は幸せだ。

極寒の中でずっと登りたいと思っていた高山に登る人、
自分の意志でとても遠くにいる恋人に会いに行く人。

幸いなことに、
自由な人生とは誰かに授けられるものではなく、
生きていく中で自分が選択できるものである。
誰でも自由に生きる権利を持っているのだ。

しかし、自由に生きることを阻む思考がある。

「私はみんなと同じじゃないといけない。

他の人々に後れを取ったり、
ちがうことをしてはいけない。
そうしないと、間違った人生になってしまう」

こんなふうに考えていては、
自分らしく自由に生きることはできない。

「過去の誰かのせいで、
あるいは、過去の出来事のせいで私は不幸だ」

こんな考えもまた、あなたの“現在”から
自由を奪う。

過去にとらわれていると、
現在を自由に生きることができず、
何1つまともにできなくなってしまう。

「私は何をやってもダメ。もう遅い。
私にできるわけがない」と
自分で自分の限界を決めてしまう思考のクセも
あなたの自由を阻む。

それは、広大な土地にとても小さな円を描き、
そこから出てはいけないと自分に言い聞かせて、

その中だけで生きていくようなものだ。

あなたの自由は誰かに授けられるものではなく
誰かの許可によって発生するわけでもない。
「今の選択」によって決まる。

何もかも自分の望みどおりにはならないとしても、
ずっと自由がなくて
不幸だという気がしているのなら、
今までもどかしさに苦しんできたのだとしたら、
今こそ、これまで選べなかった自由を選択すればいい。

どう進めばいいのか、
人生の方向性がわからなくなったら
「自由」に向かって進んでみよう。

幸せは、
今日の私の思考によって
つくられる。

自分の価値を
自ら決める人になろう。

よくぞ耐え抜いた。
それがどんなことであっても。

クルベウ

1988年生まれ。詩人、作家。本名キム・ドンヒョク。事業に失敗し、自分のためにSNSに投稿していた癒やしの言葉が多くの読者の共感を集め、SNSの投稿をまとめた著書「心配しないで」で作家デビュー。処女作はBTSのファン感謝イベントで紹介され、ファンの間で「BTSおすすめの作家」として話題となる。

作家としてデビューしてわずか1年で大手企業から講演の依頼が殺到し、年100回以上の大規模講演を行う。2017年からはリュックを背負い、韓国全土を回って人々の悩みを聴く「セボム・プロジェクト」を実施している。

韓国では本書のほかに、20万部を超えるベストセラーとなった『疲れたり、好きなことがなかったり』や『何でもない今はない』『他人の目を意識して苦しい私に』『今日ほど私が嫌になった日はない』などの著書がある。本書は著者初の日本語翻訳本。Instagramのフォロワーは23万人(2021年3月現在)、著書累計55万部。

Instagram
@jell1ine1768

藤 田 麗 子

フリーライター&翻訳家。福岡県福岡市生まれ。中央大学文学部社会学科卒業。訳書にチョン・ヨンジュン著『宣陵散策』(クオン)、ホン・ファジョン著『簡単なことではないけれど大丈夫な人になりたい』(大和書房)、パク・ジョンジュン著『Amazonで12年間働いた僕が学んだ未来の仕事術』(PHP研究所)、著書に『おいしいソウルをめぐる旅』(キネマ旬報社)等がある。第2回「日本語で読みたい韓国の本 翻訳コンクール」にて『宣陵散策』で最優秀賞受賞。

大丈夫じゃないのに大丈夫なふりをした

2021年4月13日　　第1刷発行
2024年8月27日　　第19刷発行

著　　者──クルベウ
訳　　者──藤田麗子
発行所──ダイヤモンド社
　　　　　〒150-8409　東京都渋谷区神宮前6-12-17
　　　　　https://www.diamond.co.jp/
　　　　　電話／03・5778・7233（編集）　03・5778・7240（販売）

装丁───────西垂水敦・市川さつき（krran）
本文DTP──ベクトル印刷
装画・本文イラスト──福田利之
製作進行──ダイヤモンド・グラフィック社
校正───────鷗来堂
印刷───────ベクトル印刷
製本───────ブックアート
編集担当──林えり